LIDERAZGO CAMPEADOR

LO QUE NOS ENSEÑA EL CID PARA LIDERAR EN TIEMPOS INCIERTOS

MARÍA LÓPEZ-HERRANZ

KOLIMA
BOOKS

Categoría: Directivos y líderes
Colección: Liderazgo con valores

Título original: *Liderazgo Campeador*

Primera edición: Abril 2021
© 2021 Editorial Kolima, Madrid
www.editorialkolima.com

Autora: María López-Herranz
Dirección editorial: Marta Prieto Asirón
Maquetación de cubierta: Sergio Santos Palmero
Maquetación: Carolina Hernández Alarcón
Fotografía de portada: @Shutterstock
Fotografía de la autora: Olga Vallejo

ISBN: 978-84-18263-84-2
Depósito legal: M-9893-2021
Impreso en España

Nota:

Las afirmaciones y conclusiones sobre el estilo de liderazgo del Cid Campeador que se exponen en este libro no están basadas en hechos históricos de su vida, sino exclusivamente en la interpretación que la autora hace sobre el relato del *Cantar de Mio Cid* y en el conocimiento que posee sobre el liderazgo y sus modelos actuales.

A todos los líderes con los que he tenido la suerte de colaborar a lo largo de mi vida, porque de ellos aprendí mucho de lo que sé sobre liderazgo. Gracias por haber visto en mí lo que ni yo misma fui capaz de ver.

A todas las personas que han influido positivamente en mi vida, en especial a Steve, a Riky, a mis padres y a mi hermano. Todos ellos son mis verdaderos líderes.

ÍNDICE

PRESENTACIÓN DE LA OBRA

«*El arte de la guerra*, de Sun Tzu, por favor». Hasta hace poco, esta frase solo se escuchaba en algún mostrador de biblioteca, en boca de alguien que imaginaremos enigmático, de singular apariencia y vida solitaria, con la única compañía de sus libros. Tal sería la estampa de quien solicitaba un manual de filosofía de guerra escrito en China sobre el siglo V a. J. C. Sin embargo, los tiempos cambian, y aquella frase propia de ratones de biblioteca es ahora una suerte de mantra habitual en librerías de todo el mundo, donde el maestro Sun compite en ventas con *bestsellers* de última generación. El motivo de ese cambio de tendencia es tan sorprendente como sencillo: alguien se percató de que los diversos planteamientos y enfoques de *El arte de la guerra* funcionarían en los negocios. Por supuesto, las claves no eran visibles a ojos de cualquiera, sino que se hallaban solo al alcance de quienes supiesen leer entre líneas y trasladar las enseñanzas de un tratado de guerra al no menos belicoso mundo de los negocios.

María López-Herranz, autora de *Liderazgo Campeador*, comparte la mirada incisiva de quien, por primera vez, vio en Sun Tzu un experto en *business management*. De hecho, bien puede afirmarse que ha descubierto en el anónimo poeta del *Cantar de Mio Cid* al Sun Tzu castellano, con el mérito añadido de que no se ha enfrentado a una obra casi desconocida, sino nada menos que al cantar de gesta español por antonomasia. Este poema épico es el astro rey de una auténtica pléyade de títulos que comprende centenares de ediciones y miles de estudios, lo que dificulta encontrar enfoques novedosos, pues parece que todo ha sido estudiado ya, y que todo se ha agotado... incluso la esperanza. Este apunte no quiere aportar un tono dramático, sino abordar un problema casi irresoluble al que *Liderazgo Campeador* ha dado respuesta.

Hace unos años, mientras asistía a un congreso de literatura medieval, escuché una ponencia que rompía con lo habitual en ese tipo de eventos. El conferenciante no iba a revelar que la cuaderna vía de los *Milagros* de Gonzalo de Berceo era, en realidad, verso goliárdico, o que un hemistiquio del *Libro de Buen Amor* registraba alguna anomalía en su rima, ni ningún otro asunto de cariz puramente filológico. Aquella ponencia era una protesta, incluso una queja ante la desconexión entre la alta investigación y el gran público. «¿De qué sirve lo que hacemos –se lamentaba el ponente–, si nuestros estudios no salen del aula? ¿De qué sirve, si solo nos interesa a nosotros? ¿Cómo podemos hacer que nuestro trabajo llegue a la gente?».

Huelga decir que ninguno de los presentes supo qué decir, pero *Liderazgo Campeador* sí tiene, por fin, una respuesta: a los clásicos hay que darles una aplicación práctica para que el público comprenda que no son reliquias del pasado, sino que sus lecciones siguen vigentes en el mundo actual. Por eso, en medio de la crisis económica que vivimos, *Liderazgo Campeador* ha sacudido la capa de años que cubre al *Cantar* en el momento oportuno para mostrarlo como un auténtico manual de emprendedores del siglo XXI. Si, en los estudios dedicados a Rodrigo Díaz de Vivar, siempre se habla del Cid histórico y el legendario, *Liderazgo Campeador* presenta a un tercer tipo: el empresario, el líder, el hombre de negocios adelantado a su tiempo. Ahí radica la dificultad de una obra como esta, tan alejada del análisis filológico, donde su autora ha alcanzado una lectura que trasciende el verso, la rima, incluso el texto medieval en sí, para ahondar en un terreno tan subjetivo y escabroso como el carisma y la visión emprendedora de Ruy Díaz.

Ciertamente, la extraordinaria trayectoria profesional que respalda a María López-Herranz como líder, autoridad y referente del *coaching* empresarial la convertía en la persona idónea para acometer semejante empresa, pues, al igual que hay ilustres militares que admiran al Cid porque comprenden mejor que nadie sus geniales estrategias bélicas, María comparte su visión emprendedora. Si alguien podía vislumbrar los propósitos del Cid para afianzar alianzas, infundir ánimo o establecer unas metas, sin duda era ella la persona idónea, salvo por un factor en contra: no es medievalista, y el *Cantar de Mio Cid* no es un texto al que cualquiera pueda acercarse alegremente. Yo sí soy especialista en el Cid, pero no *coach*, ni daría un ardite por mis conocimientos empresariales; somos, en resumen, polos opuestos en el ámbito profesional. Por eso me sorprendió, al leer esta obra, descubrir que nuestros enfoques tenían un punto en común, crucial.

Si algo destila *Liderazgo Campeador* es el respeto con que la autora ha leído y escuchado al anónimo poeta del *Cantar*; atenta, con la humildad de quien se sabe ante un maestro de maestros. Se trata de la misma actitud que todo medievalista debe adoptar ante los testimonios que, pese a su antigüedad, nos sorprenden todavía hoy a quienes los estudiamos con cada nuevo hallazgo, tras cada nuevo matiz que aflora. Y entonces lo vi claro: si este profano del *coaching* empresarial era capaz de leer y comprender *Liderazgo Campeador*, María podía entender perfectamente el *Cantar* porque ambos compartimos el mismo respeto y fascinación por el texto, aunque sea desde perspectivas distintas. Y, conforme la lectura avanzaba, ratifiqué mis impresiones al advertir que María había interpretado las palabras del poeta con tal precisión que lograba transmitir sus enseñanzas en un volumen que salvaba un salto de casi mil años, algo solo al alcance de unos conocimientos equiparables al más ágil Babieca.

Para el filólogo o historiador amante del Cid, para todo «cidaísta», como solemos llamarnos, esta obra supone una oportunidad sin precedentes de acercar al Cid a un público nuevo, el mismo que, en el futuro, abrirá el *Cantar* para disfrutar con su lectura de las enseñanzas que María ya les habrá desvelado, del mismo modo que muchos se acercan a las librerías y adquieren *El arte de la guerra* de aquel genio que fue el maestro Sun. Con su *Liderazgo Campeador,* María ha demostrado que también aquí tenemos nuestro propio *Arte de la guerra,* y estoy convencido de que enfoques similares serían aplicables a otras grandes figuras de nuestras letras, como Cervantes o Fernando de Rojas. Sus especialistas, ahora, deberán tomar *Liderazgo Campeador* como modelo e imitarlo para dar una utilidad práctica a obras tan excepcionales como *El Quijote* o *La Celestina,* que, estoy convencido, todavía no han dicho su última palabra. De todos modos, no me competerá a mí hablar de ellas, pues esa misión corresponderá a profesionales de la talla de María. En lo que a mí respecta, siempre podré decir que tuve el honor de presentar la obra pionera de todas ellas.

Dr. Alfonso Boix Jovaní
Medievalista especializado en el Cid

PRÓLOGO

Reconozco que cuando nuestra autora, María López-Herranz, me invitó a prologar su *Liderazgo Campeador* tuve la sensación contradictoria tanto del agradecimiento inesperado por ser la persona sugerida para hacerlo como del vértigo por el desafío de lo que la autora me solicitaba.

He podido trabajar con María y aprender, observándola escuchar, a extraer conclusiones certeras a situaciones complejas con pocas palabras —qué difícil es hacerlo como lo hace ella, pues denota que entiende de lo que habla y aconseja, y de ahí su madera de líder—, y tengo la oportunidad de que colabore con nosotros en algunas de nuestras iniciativas, por lo que, desde hace tiempo, he podido contar con su visión y consejo.

Reconozco que me ha gustado, en estos días de preparación y reflexión para poder escribir estas palabras, tener la oportunidad de leer su libro, poder meditarlo, subrayarlo y que mi prólogo pueda servir como un arranque a la obra que nuestro lector va a tener en sus manos, cuyo contenido, bien armado por María, estoy seguro de que les resultara tan útil y ameno como a mí.

En *Liderazgo Campeador* el lector tiene ante sí no solo una magnífica guía bien conducida, y aun mejor documentada, para profundizar sobre estos temas con un hilo argumental consecuente, sino que se volverá necesariamente una referencia imprescindible de consulta y que se debe tener cerca para cualquier persona que necesite, en un momento dado, un punto de reflexión respecto a su evolución, su desempeño como líder con sus equipos, o una actualización –que todos deberíamos hacer con alguna frecuencia– y refresco profesional. Podría ver a María dando curso, con respuestas bien formuladas y mejor elaboradas, a las observaciones o preguntas que pudiesen hacerle terceros, totalmente alineada en su quehacer profesional con la obra que aquí nos presenta.

Haber ligado conceptos que, en algunos casos, nos podían resultar familiares con la propia evolución de nuestro conocido Ruy Díaz de Vivar –el Cid Campeador– es una inteligente herramienta para que todos estos conceptos fluyan como relato en la creación de un manual que construye el arquetipo de un conjunto de valores de los que, quienes tenemos la oportunidad de poder liderar equipos, deberíamos concienciarnos con humildad a aplicar, escuchando y haciendo crecer a los demás, para que, lo que fluye de vuelta, nos ayude a ser mejores personas, mejores líderes, mejores profesionales.

Comparto con nuestra autora la importancia de la comunicación y su relato coherente en la construcción de la estrategia que cualquier líder en cualquier campo deba articular. Cualquier plan debe partir de un propósito y sobre todo de un porqué como visión de inspiración y solución que incorpore el cómo para aglutinar y no excluir, y que conduzca, en esa suma de porqué, cómo y qué a una realidad que una en un objetivo común. Porqué –a dónde vamos y qué es lo que nos proponemos–, cómo –de qué manera lo conseguiremos, cómo lo haremos–, y, por último, el qué, solo descartando el qué como primera opción de arranque del proyecto, habremos dedicado tiempo suficiente con el porqué a profundizar y contar con pocas palabras algo que puede ser tan abstracto, difícil y laborioso como definir nuestro proyecto, qué pretende conseguir y cómo nosotros como líderes conduciremos nuestros recursos y esfuerzos.

En este *Liderazgo Campeador*, la obra se construye de forma casi artesanal como el tiempo en que vivió el Cid Campeador, con conceptos bien estructurados, la marca personal, la capacidad de liderazgo, la fuerza de la motivación –ilusión, tesón, disciplina, foco, esfuerzo–, la importancia de construir alianzas y la no menos importante necesidad de recompensar, que no debemos confundir y llevar únicamente al terreno del materialismo puro, para aterrizar como conclusión en la importancia de lo que la autora nos quiere decir con el porqué, el cómo y el qué.

La obra confluye en la parte que, a mi modesto parecer, pone en mayor valor la palabra *Liderazgo* con mayúsculas, cuando la autora –como es constante en su obra de forma bien documentada y mejor contada– nos desgrana como «re-capitulación» algunos modelos de liderazgo y lo lleva a su máximo con «el liderazgo del círculo de oro».

Tienen ante ustedes, apreciados lectores, una obra que no solo les construirá un relato coherente con buenos cimientos y bien estructurada de principio a fin, sino que tendrán siempre cerca como manual de referencia y de actualización y consulta.

Espero disfruten de la obra.

JUAN JOSÉ NIETO
Presidente de NK5

INTRODUCCIÓN

"El rey envió decir al Cid por una carta que saliese del reino. El Cid, leída la carta, aunque lleno de pesar, no quiso dilatar la obediencia, que solo se le dejaba un plazo de nueve días para ausentarse del reino"

El *Cantar de Mio Cid* fue compuesto en el siglo XII por un autor anónimo y copiado en un manuscrito aproximadamente en 1207. Más allá de su altísimo valor literario, reconocido en todo el mundo, el *Cantar de Mio Cid*, leído con una mirada nueva, esconde un valor añadido completamente inesperado: la plena vigencia en el siglo XXI de las técnicas de liderazgo y estrategia empresarial descritas en la obra. Parece realmente sorprendente leer un clásico de la literatura universal escrito hace casi diez siglos y descubrir en el relato que nos brindan sus páginas, estrategias, competencias, recursos y habilidades de gestión y emprendimiento imprescindibles en el mundo empresarial de nuestros días.

No se trata ahora de entrar en si Ruy Díaz de Vivar fue realmente la figura histórica que describe el *Cantar* o si fue simplemente un gran guerrero cuya peripecia vital se fue engrandeciendo a lo largo de los años mediante exageradas leyendas. Debatir sobre la exactitud histórica de lo descrito en la obra no es el objetivo de este libro. El objetivo, y lo que desde mi punto de vista se revela realmente interesante, lo que encuentro sorprendente y en cierto modo perturbador por las preguntas que suscita sobre la naturaleza humana, es el hecho cierto de que hace casi mil años alguien decidiera escribir un poema épico, un cantar de gesta sobre un personaje histórico y que, sin saberlo, en su relato describiera algunas de las claves estratégicas, de gestión y emprendimiento que se impulsan, se fomentan y se utilizan hoy en día para alcanzar el éxito en cualquier proyecto empresarial y de liderazgo. Claves que incluso se enseñan actualmente en las mejores escuelas de negocios del mundo, y que ahora, como entonces, solo aquellos que son verdaderos líderes saben poner en práctica con éxito. La validez de estas claves escritas hace casi diez siglos es tal que, desde la perspectiva empresarial y de liderazgo del siglo XXI, el *Cantar de Mio Cid* podría también considerarse un libro de cabecera imprescindible para profundizar en algunos de los aspectos esenciales del liderazgo. Y que el hombre cuyas hazañas retrata el *Cantar*, Ruy Díaz de Vivar, el Cid Campeador, fue un exitoso emprendedor, un líder admirado y un empresario modelo que supo gestionar sus recursos, muchas veces escasos, en un entorno hostil y venciendo a la adversidad con valor, determinación, visión y una capacidad de liderazgo incontestable.

Su gesta vital, estratégica y empresarial, conocida y admirada en todo el mundo, comenzó sin recursos, ya que cuando fue desterrado por el rey Alfonso VI de Castilla, y como era costumbre en la época, fue también despojado de todos sus bienes, así como apartado de su familia y de sus amigos. Por si eso no bastase, fue además decretada pena de muerte para cualquiera que se atreviera a ayudarle, acompañarlo o unirse a él dentro de los límites de las tierras castellanas. Por ello, el Cid inició su destierro sin apoyos, sin fortuna y aparentemente sin mucho futuro, como comienzan muchos de los emprendedores de nuestros días. Partió arruinado, calumniado y humillado hacia un destino cruel e incierto, pero con un objetivo claro en mente: limpiar su nombre, demostrar su valor e inteligencia y dejar claros el error, la manipulación y las envidias de aquellos que fueron sus detractores, así como la injusticia cometida por su señor, el rey Alfonso VI. Dicho de otro modo: el Cid quería que la ofensa fuera reparada, sabiendo que para ello tendría que emplearse a fondo. Esa era la visión y la motivación que le guió durante todo el tiempo que necesitó para iniciar una vida diferente, emprender su nuevo proyecto, liderarlo con éxito y demostrar que era viable y además altamente rentable.

Como tantos empresarios, emprendedores y líderes de hoy en día, tuvo que aprender a adaptarse a los cambios que marcaba su nueva situación con la máxima agilidad y rapidez posibles, así como prepararse para iniciar su proyecto sin ningún capital económico. Sin embargo, contaba con un capital mucho más valioso: su reputación de gran guerrero y hombre justo y valiente, una poderosa marca personal que le proporcionó el apoyo de un puñado de hombres leales, un equipo entregado que le siguió en el destierro. Porque todos ellos estaban convencidos de la inocencia del Cid, respetaban su autoridad, admiraban su liderazgo moral y estratégico, y confiaban en él plenamente. Por eso apoyaron su nuevo proyecto uniéndose a él, un proyecto que ni si quiera el mismo Cid sabía cómo iba a iniciar, y mucho menos cómo iba a acabar.

El tiempo dio la razón al Campeador y su fama, su fortuna y su posición social multiplicaron hasta el infinito las que tenía antes de ser expulsado de Castilla. Para lograrlo superó numerosísimos y dolorosos obstáculos ayudado por su instinto, su inteligencia y un equipo de auténticos profesionales orgullosos de formar parte de su nueva aventura vital. Y así, quizá sin darse cuenta de la trascendencia de lo que estaba haciendo, puso en marcha una estrategia tan eficaz que aún en nuestros días, casi un milenio después, mantiene su vigencia como base del éxito del liderazgo y de cualquier proyecto empresarial

Desde el punto de vista actual, aplicando una perspectiva de gestión de empresas, equipos y personas, la estrategia puesta en marcha por el Cid para lograr su principal objetivo podría resumirse en cinco poderosas claves que también hoy en día influyen directamente en el éxito o el fracaso de un proyecto. Estas claves son:

1. La marca personal
2. La capacidad de liderazgo
3. La motivación
4. La construcción de alianzas
5. Saber recompensar

Vamos a analizarlas, a revisar cómo se aplican en el entorno organizacional actual, y sobre todo a comprender por qué todas estas claves tienen un elemento común: la comunicación, que, como veremos más adelante, es la base de todo lo que hacemos. Y descubriremos por qué el Cid Campeador, que durante su vida ya fue reverenciado como líder único e irrepetible, hoy sería considerado, además, un auténtico emprendedor de éxito y un experto en gestión empresarial.

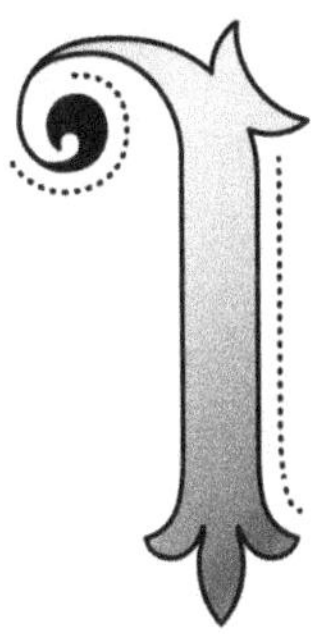

LA MARCA PERSONAL, EL MÁS VALIOSO PATRIMONIO

❝ *Y desde entonces apellidaron*
a Ruy Díaz de Vivar
el Cid Campeador, para recordar
su bravura en las batallas **❞**

Cuando el Cid partió hacia el destierro ya era un caballero de reconocido prestigio en Castilla y en los demás reinos que entonces conformaban lo que hoy conocemos como Península Ibérica. Su fama era la de un guerrero valiente, fiel a su señor, justo con sus vasallos y compasivo con los enemigos, a los que respetaba. En aquella época, estos valores diferenciaban al auténtico profesional del que no lo era, dentro de lo que entonces era el sector empresarial más importante: la batalla, la lucha en las guerras al servicio de los diferentes reyes, caudillos y señores. Los grandes caballeros se ganaban la vida guerreando y solo alcanzaban el éxito y la fama aquellos que demostraban su valor, su inteligencia y su gallardía en campaña sin perder jamás su sentido del honor, de la lealtad, la justicia y la compasión.

Tal y como sucede ahora con muchos profesionales y empresas en cualquier sector, sus actos previos fueron construyendo su reputación e influyendo positivamente en su marca personal, entendiendo por reputación, como veremos después con mayor detalle, lo que los demás pensaban (y pensamos) de él, y no la imagen que quizá el Cid habría querido dar de sí mismo, que sería lo que hoy entendemos por marca personal. Hay que diferenciar ambas, porque una depende de lo que a cada uno le gustaría transmitir, lo consiga o no, y la otra depende de lo que los demás piensan de eso que se transmite. Y lo cierto es que casi nunca lo que se transmite coincide con lo que los demás perciben. Pero cuando se logra esa coincidencia; cuando la marca personal y la reputación van de la mano, se genera una fuerza colosal de resultados poderosísimos. Ruy Díaz de Vivar es el perfecto ejemplo de esa rara coincidencia; no en vano le apodaron Campeador, sobrenombre que parece proceder del neologismo culto «campidoctor», es decir, doctor en el campo de batalla, experto en batallas campales, batallador, luchador. Y esta marca personal sigue vigente en nuestros días en todo el mundo. Está por ver si dentro de un milenio alguna de las que consideramos en la actualidad grandes marcas habrá conseguido una hazaña de marketing semejante.

Pero de lo que no cabe duda es de que en el siglo XXI las empresas, las personas y las organizaciones son conscientes de la vital importancia que tienen la marca y la reputación para lograr resultados positivos y alcanzar el éxito. Hoy en día contamos con grandes expertos en esas áreas, profesionales que saben que parte de la imagen que proyectamos no se puede controlar completamente porque no depende solo de nosotros, sino también de la opinión de los demás. En este sentido las cosas eran entonces igual a como son ahora y a como han sido siempre: lo que hacemos, o lo que los demás creen que hacemos, influye decisivamente en la reputación de cada uno de nosotros, y por extensión en la imagen que proyectamos y en nuestra marca personal. Me viene aquí a la cabeza una frase de Joaquín Lorente, reconocido publicitario con quien trabajé varios años, que siempre decía: «las cosas no son lo que son, sino lo que la gente cree que son». Una frase con la que no puedo estar más de acuerdo y sobre la que suelo recomendar una gran reflexión. En este sentido, según el *Cantar*, la trayectoria de Ruy Díaz de Vivar le había proporcionado a lo largo de los años una imagen tan sólida y positiva que incluso sin quererlo acuñó una marca propia: la de Cid Campeador.

> **"***Ya entra el Cid Ruy Díaz por Burgos;*
>
> *hombres y mujeres salen a verlo;*
>
> *los burgaleses y las burgalesas*
>
> *se asoman a las ventanas,*
>
> *todos afligidos y llorosos. De todas*
>
> *las bocas sale el mismo lamento:*
>
> *–¡Oh Dios, qué buen vasallo*
>
> *si tuviese buen señor!***"**

Como hemos dicho, reputación y marca van unidas y, si son positivas, son el salvoconducto hacia el éxito. Por eso, si se va a iniciar una aventura empresarial es imperativo tenerlas en cuenta a la hora de tomar decisiones relacionadas con cualquier aspecto del proyecto, tanto en su creación como en su desarrollo y avance. Nada funciona si no se trabaja para construir una buena reputación y una marca que transmita los atributos adecuados para alcanzar los objetivos definidos. Un poco más adelante veremos cómo hacerlo.

Si como le ocurría al Cid, ya se cuenta con un alto grado de reconocimiento, una buena reputación y una eficaz marca personal, será necesario llevar a cabo las acciones necesarias para mantenerlos, potenciarlos y utilizarlos, de forma que contribuyan a obtener los mayores beneficios destinados a la consecución de los objetivos propuestos. Porque, como nos enseña el *Cantar de Mio Cid*, la sólida reputación de Ruy Díaz de Vivar fue el único patrimonio con el que contó para superar el momento más dramático de su vida, cuando no le quedó más remedio que afrontar el cambio de la forma más dura e inesperada posible, el que lo catapultó hacia un futuro deslumbrante, le permitió gestionar la incertidumbre con el apoyo inicial de un ejército de sesenta voluntarios que se unieron a él en un acto de confianza y fidelidad absoluta, el que le proporcionó la financiación necesaria para empezar de cero, el que le colocó en el camino para convertirse en una de las mayores fortunas de la época, el que le valió incluso el respeto de sus enemigos más acérrimos, le permitió alcanzar todos sus objetivos y, finalmente, hizo de él uno de los más grandes líderes de la historia, cuya leyenda ha perdurado durante más de un milenio, y me atrevería a decir que es ya eterna.

Pero ¿cómo construyó el Cid la reputación que le permitió alcanzar todo lo citado anteriormente? Pues poniendo siempre en práctica y sin excepción una serie de principios y valores que entonces eran fundamentales para el honor de un caballero y que contribuyeron de manera decisiva a la creación de su marca personal.

> **"*Y a los que quisieren venir conmigo que Dios se lo pague; y de los que prefieran quedarse aquí, quiero despedirme como amigo*"**

Hoy en día los valores y atributos se complementan y se consideran esenciales tanto para la imagen de marca de una organización como para la marca personal de un profesional y, en consecuencia, para una gestión empresarial que alcance los objetivos establecidos y proporcione los resultados positivos esperados. En la actualidad no hay empresa que se precie que no dedique tiempo, esfuerzo y capital a definir cuáles son sus valores, difundirlos y realizar las acciones necesarias para que todos aquellos que forman parte de la misma los interioricen y se comporten según esos valores. Son también una excelente guía a la hora de tomar decisiones empresariales, ya que estas deberían concordar con lo que se espera de los valores y atributos definidos. Igualmente hablamos de gestión por valores como una forma de fomentar la motivación e impulsar los buenos resultados empresariales en todos los sentidos.

Cada empresa y cada persona tiene sus valores y atributos que la diferencian. Y a lo largo de la vida profesional pueden evolucionar, adaptándose a los cambios necesarios. Igualmente, a lo largo de la historia de la humanidad algunos de estos valores se han mantenido y otros han cambiado, siempre en función de las creencias, influencias y evolución de cada cultura. En el caso del Cid, podemos decir que, incluso guerreando, siempre fue justo con sus hombres y sus enemigos. Su valor para afrontar las situaciones difíciles y su creatividad para salir airoso de ellas, su valentía en la lucha, su profunda disciplina, combinadas con su intensa capacidad de tolerar los errores y las debilidades ajenas, su honestidad en todos los frentes, su humildad como vasallo de su señor y como señor de sus vasallos, su alta capacidad de comunicación y persuasión, y su magnífica dignidad personal, son algunos de los valores que dieron al Cid una credibilidad sin fisuras y la valiosísima reputación que le puso en el camino del éxito más abrumador.

Si lo dicho anteriormente lo sacamos del contexto de las luchas de la Edad Media y lo trasladamos al mundo empresarial actual, comprobaremos que todo encaja al milímetro. Pensemos en el valor que hace falta para afrontar crisis y situaciones empresariales complejas con valentía y creatividad, algo que todas las organizaciones están viviendo ahora de primera mano; en la gran disciplina que se requiere para alcanzar los objetivos marcados; en la importancia de poseer la capacidad de saber aceptar los errores, tanto propios como ajenos, como una forma de aprendizaje, comprendiendo que cada fracaso nos acerca más al triunfo; en la honestidad y transparencia con las que se debe realizar una buena gestión empresarial; en la importancia de dominar la comunicación para poder transmitir peticiones, ideas y proyectos con claridad y eficacia, así como para ser visto y aceptado como líder; en la humildad, un valor esencial para relacionarse adecuadamente, para aceptar la necesidad de aprendizaje permanente y para ser cada día mejores; en la dignidad y credibilidad que debemos proyectar como personas y profesionales para alcanzar el éxito verdadero. El Cid Campeador así lo hizo y con eso colocó los cimientos de una de las empresas más rentables de la historia: la suya propia, la que comenzó cuando fue desterrado y que con esfuerzo e inteligencia le permitió conquistar grandes territorios, crear un poderoso ejército de profesionales motivados y ganar una inmensa fortuna. Con la credibilidad como bandera y una reputación intachable que le ayudó a construir una sólida marca personal, se convirtió en un líder carismático y admirado que emprendió la conquista de su propio futuro con una visión estratégica fuera de toda duda y un objetivo concreto por el que luchó duramente hasta lograr hacerlo realidad.

**"*¡A ellos mis caballeros, a ellos!*

¡Yo soy Ruy Díaz de Vivar, el Cid Campeador!"**

Él supo cómo hacerlo con éxito aprovechando al máximo los recursos con los que contaba. Hoy en día también es posible construir una sólida reputación como líder, una fuerte marca personal como profesional y una sólida imagen de marca como compañía, teniendo en cuenta siempre tres puntos esenciales:

1. En todo momento estamos comunicando
2. Reputación, marca personal e imagen de marca no son lo mismo
3. Lo que nos diferencia es nuestro capital de marca

En todo momento estamos comunicando

Como explicaba Paul Watzlawick, filósofo y psicólogo austriaco nacionalizado estadounidense, en su libro *Teoría de la comunicación humana*, es imposible no comunicar. Esto significa que todo lo que hacemos y somos comunica algo, transmite valores, atributos y sensaciones a los ojos de los demás y por tanto contribuye a la construcción de la reputación y de la marca personal. La imagen que damos, como empresas o como personas, las acciones que llevamos a cabo, nuestras decisiones, la forma de hablar, de vestir, de comportarnos, el contexto en el que vivimos, trabajamos, nos relacionamos... Cada detalle es percibido por los demás, consciente e inconscientemente, y por tanto influye en lo que comunicamos sobre nosotros mismos y en lo que los demás perciben de nosotros. Por eso se dice que no hay una segunda oportunidad de causar una buena primera impresión, porque todos transmitimos y todo transmite desde el primer momento, los objetos y los animales también. Si lo pensamos, no solo las personas tienen marca y reputación; también la tienen las ciudades, los países, las instituciones, los cargos, los restaurantes, las distintas razas y especies de animales, los coches, los colores... y así hasta el infinito. Porque, aunque no reflexionemos mucho sobre ello, lo cierto es que la comunicación es la base de todo lo que hacemos en nuestra vida, porque todo lo que percibimos y todo lo que hacemos transmite algo y comunica algo.

Imaginemos un día cualquiera de nuestra existencia. Suena el despertador y pensamos: «me quedaría un ratito más». Eso ya es comunicación; nos estamos comunicando con nosotros mismos a través de nuestros pensamientos. Lo que pensamos y nos decimos es lo que se conoce como conversaciones privadas. Bien, entonces por fin nos levantamos y vamos a despertar a los niños, y ya nos estamos comunicando con ellos. Les damos instrucciones para el desayuno, la ducha, la hora para que no lleguen tarde al colegio, etc. Llegamos a la oficina saludamos, leemos los *e-mails*, los respondemos, escribimos otros, hacemos una llamada, mandamos un *WhatsApp*, explicamos un proyecto en una reunión, recibimos un encargo, pedimos a nuestro equipo que haga algo, solicitamos una información, recibimos instrucciones, las damos, enseñamos, preguntamos, emitimos juicios, preparamos un informe, leemos un *dossier*, rebatimos una propuesta... Todo eso y cualquier otra cosa que podamos pensar y hacer es comunicación. Y alrededor de todo eso y de todo lo que hacemos cada día de nuestras vidas siempre hay comunicación. Siempre estaremos transmitiendo impresiones, sensaciones, ideas a nosotros mismos y a los demás, del mismo modo que los demás siempre nos las estarán transmitiendo a nosotros. Incluso cuando soñamos nos estamos comunicando: con nosotros y con los protagonistas de nuestro sueño. Por eso la comunicación es la base de todo lo que hacemos 7 días a la semana, 24 horas al día y 365 días al año y «es imposible no comunicar y todo comportamiento es una forma de comunicación». Esa es la razón de que la comunicación sea quizá la habilidad, la competencia, el recurso más importante en la vida, y desde luego lo es en el liderazgo y en el emprendimiento. Cuando interiorizamos el significado real de esta idea estamos también dando el primer paso hacia una marca personal eficaz y clara, que podrá contribuir muy positivamente a generar la reputación necesaria para tener éxito en cualquier proyecto que emprendamos.

Otro aspecto que hay que tener siempre en cuenta es que la comunicación no se reduce solo a la palabra. La comunicación puede ser verbal y no verbal; por eso todo lo que vemos y percibimos transmite y comunica algo, aunque no sea verbalmente. En los años 70 del pasado siglo, el psicólogo Albert Mehrabian estableció que cuando lo que decimos no está alineado con lo que nuestra comunicación no verbal muestra a los demás, el peso que tiene lo no verbal es siempre muchísimo mayor que el peso de lo que decimos con palabras. Los porcentajes que determinó el profesor Mehrabian dieron origen a «la regla 7-38-55», que continúa vigente en nuestros días y que establece que el impacto del lenguaje verbal representa solo un 7% de lo que comunicamos, el impacto de lo paraverbal (tono, timbre, entonación, etc.) es del 38% y el impacto del lenguaje corporal es del 55%. O, dicho de otro modo, en lo que percibimos las personas en un contexto comunicacional, cuando las palabras del interlocutor transmiten algo diferente a lo que dice su cuerpo, nada menos que el 93% del mensaje que recibimos nos lo transmite su lenguaje no verbal y solo el 7% viene dado por lo que nos transmite su lenguaje verbal. Y eso en el caso de que el interlocutor se exprese con palabras. Porque si está callado, el 100% de lo que nos transmita y comunique vendrá de aspectos no verbales. Y aún así estará comunicando, transmitiendo información, como nos ocurre a todos cada segundo de nuestras vidas.

Por último hay que recordar que comunicar no es solo emitir un mensaje verbal o no verbal; también comunicamos a través de nuestros actos, y con que si estos son congruentes o no con nuestros valores y atributos. Como en muchos aspectos del ser humano, aquí también el «hacer» constituye al «ser». Por eso uno de los actos más importantes y con mayor impacto en la comunicación es escuchar a los demás activamente. La escucha activa es probablemente la habilidad de comunicación que puede tener un mayor impacto positivo, no solo en nuestra relación con las personas y en el éxito de todo aquello que pongamos en marcha, sino también en nuestra marca personal. La manera en la que escuchamos a los demás dice mucho de nosotros, transmite aspectos positivos o negativos; por ello es también una forma de comunicación. La verdadera escucha requiere atención, consiste en poner atención, y por ello no solo se escucha con los oídos, que es lo que todos tendemos a pensar en un primer momento, sino que también se escucha activamente con los ojos, a través de la observación, que es una de las mejores formas de prestar atención. También se escucha con el cerebro, porque es necesario analizar aquello que escuchamos y observamos para comprenderlo. E igualmente se escucha con el corazón, desde la empatía, que es lo que nos permite ponernos en el lugar del otro para entender mejor lo que le mueve y le conmueve, para aprender y poder ayudarle. Un buen líder conoce los innumerables beneficios de la escucha activa para él y para sus colaboradores y la pone en práctica cada día. Sabe escuchar con atención a su equipo, que es una de las mejores formas de comunicar eficazmente y transmitir aspectos positivos. Ellos lo perciben y el mero hecho de saberse escuchados les hace sentirse respetados y valorados. Y por ello escuchar es también una excelente forma de motivar. Además, permite encontrar perspectivas diferentes, ideas y soluciones, nuevas formas de hacer las cosas que nos pueden abrir caminos eficaces para lograr los objetivos establecidos.

> **"**–Cid, dejadme a mí otra misión;
> dadme ciento treinta caballeros para la lid,
> y cuando vosotros caigáis sobre ellos,
> apareceré yo por la otra parte.
> Y en uno u otro lado, o en los dos
> a un tiempo, Dios nos ayudará.
> –Bien está –le contestó el Cid**"**

EJERCICIO

Para tomar conciencia de que «es imposible no comunicar», recomiendo un sencillo ejercicio basado en la observación: mirar revistas, periódicos o imágenes en TV, y preguntarse: ¿Qué estoy percibiendo al observar esta foto? ¿Qué me comunica, qué cosas me está transmitiendo?

Simplemente observando imágenes de personas, edificios, empresas, restaurantes, tiendas, escaparates, objetos, etc. y haciéndonos esas dos sencillas preguntas veremos cuántas cosas comunican y qué diferentes son entre ellas. También es posible profundizar en la reflexión sobre lo que nos comunica lo que vemos haciéndonos otras preguntas, como por ejemplo:

- ¿Es moderno o antiguo, transgresor o conservador?
- ¿Me da confianza o me hace desconfiar?
- ¿Qué estatus comunica?
- ¿Es humilde o prepotente?
- ¿Me resulta cercano o no?

Al tomar conciencia de ello y de las distintas percepciones que recibimos, nos daremos cuenta de que a nosotros mismos, como personas y como líderes, nos ocurre igual: estamos comunicando a cada momento. Por eso, para construir una reputación y una marca personal positivas será necesario que cuidemos también nuestra imagen y los atributos y valores que transmitimos.

Reputación, marca personal e imagen de marca no son lo mismo

El *Cantar* nos enseña la importancia que la reputación del Cid tuvo a la hora de enfrentarse a las extremas dificultades del destierro y de cómo esa misma reputación fue decisiva para lograr sus objetivos. No solo eso, sino que le proporcionó una marca personal cuya fuerza y conocimiento perdura en nuestros días. Lo cierto es que en general las cosas no suceden en ese orden. Lo normal hoy en día suele ser que una persona decida primero impulsar su marca personal, ponga los medios para hacerlo y estas acciones le generen una reputación determinada. Por otro lado, en el caso de las empresas, el proceso es el mismo, pero en vez de construir una marca personal, trabajan para construir una sólida imagen de marca. Empresas y personas tienen algo en común: el deseo de construir una marca. Pero ¿qué es una marca?

Bueno, hay muchas definiciones al respecto, pero a mí me gusta decir que es un conjunto de elementos tales como nombre, logo, colores, valores, atributos, etc., que identifican a una persona, empresa o producto y los diferencian de su competencia. Ya podemos deducir que reputación, marca personal e imagen de marca no son lo mismo. Pero ¿cuáles son las diferencias?

Comencemos por la *reputación*. Desde mi punto de vista, la manera más sencilla y directa de definirla sería decir que la reputación es aquello que las personas piensan de alguien, de una empresa o de un producto. Es decir, la imagen, positiva o negativa, que tienen de esa persona, empresa o producto en función de lo que les han transmitido y de cómo lo han percibido. Por tanto podemos también decir que la reputación es la manera en la que los demás nos ven.

Por el contrario, la *marca personal* está constituida por los valores, atributos y diferencias que cada persona cree que tiene y decide transmitir. Dicho de otro modo, la marca personal es la huella que una persona desea dejar en los demás, aquello que quiere mostrar de sí misma y la forma en que decide transmitírselo. Esto significa que la reputación puede influir bastante en la marca personal, aunque lo contrario no ocurre así exactamente, porque aunque en la marca personal se puede decidir lo que se va a transmitir sobre uno mismo, no se puede controlar el efecto que va a causar en los demás y cómo lo van a interpretar. Por este motivo no puedo estar de acuerdo con la famosa frase de Jeff Bezos, fundador de Amazon, que dice: «La marca personal es lo que dicen de ti cuando no estás delante». En mi opinión, –y en la de la mayoría de los expertos en el tema que conozco–, eso no sería marca personal sino reputación.

En resumidas cuentas: es posible controlar la marca personal pero no la reputación, puesto que depende de lo que piensen otras personas. Y por eso el principal secreto del éxito de la marca personal reside en lograr que coincida todo lo posible con la reputación. De nada sirve dedicar tiempo, esfuerzo y dinero a definir una serie de valores, atributos y diferencias, a decidir cómo transmitirlos y a hacerlo, si lo que luego perciben los demás, por ejemplo a través de nuestros actos, es completamente distinto. Cuanto más cerca se encuentren la marca personal y la reputación, más eficaz y claramente estaremos siendo percibidos en la dirección que queremos y mayores posibilidades de éxito tendremos.

> **" Todos los que asisten a la corte le estaban en tanto contemplando y le miraban aquellas largas barbas recogidas en el cordón. Sí, aquel era todo un varón en las obras y en la apariencia "**

En las empresas ocurre lo mismo, pero en vez de marca personal hablamos de imagen de marca. Al igual que en la marca personal, la imagen de marca se compone de una combinación de elementos, tales como nombre, logo, colores, valores, atributos, etc. Esta combinación de elementos se realiza con un objetivo de marketing concreto, que es provocar percepciones y emociones positivas en los consumidores para lograr que se conviertan en clientes, lo que se trata de conseguir a través de estrategias y acciones destinadas a que puedan vivir experiencias agradables, asociadas a la marca en los momentos de contacto con ella. Porque la marca es la llave para llegar a los clientes potenciales. Este es el objetivo, y todas las empresas trabajan en esa dirección. Otra cosa es que suceda que los consumidores interpreten exactamente lo que la empresa les quiere transmitir y esto genere a la marca una reputación positiva. Porque como ya hemos visto, las percepciones no siempre coinciden y por tanto el efecto sobre la reputación puede ser el contrario al deseado.

La imagen de marca para una empresa tiene tanta importancia que se ha convertido en un activo más de la misma. Hay organizaciones que cuentan con marcas valiosísimas, otras cuya marca no tiene apenas valor y otras en las que la marca tuvo un valor muy alto pero que después se perdió por diversas circunstancias. Las marcas están vivas porque dependen de aspectos cambiantes, como las buenas decisiones de marketing y empresariales, la confianza de los clientes, el contexto del mercado, la coherencia entre las actividades de la empresa o de sus directivos y los valores que muestran, los cambios socioeconómicos, etc. Por eso hay que cuidarlas cada día con mimo, inteligencia y honestidad. Además, las ventajas de contar con una buena imagen de marca para una empresa son altamente rentables, ya que permite: diferenciarse de la competencia; a medio plazo reducir la inversión en marketing, porque los propios consumidores se convierten en embajadores de la marca; alcanzar una relación de mayor cercanía con su público objetivo, lo que permite aumentar las ventas y establecer precios más altos; generar mayor orgullo de pertenencia entre los empleados; reducir la rotación de personal y el absentismo, etc. Cuanto mejor sea la reputación conseguida a través de la imagen de marca, mayor será también el valor de la organización.

> **" Y salieron hasta cien caballeros muy bien puestos, en buenos caballos, cubiertos de cendales, con petrales de cascabeles, collares de escudos y lanzas con pendones, porque Álvar Fáñez quiere que los otros vean de lo que es capaz y toda la pompa con la que ha sacado de Castilla a las damas "**

Si saltamos en el tiempo un milenio podemos hacer un paralelismo con el Cid visto con los ojos de nuestros días. Desde nuestra perspectiva actual, el Cid podría ser ese autónomo que comienza un proyecto nuevo en las peores condiciones, sin recursos económicos, sin equipo, sin clientes y en un sector con riesgo: la batalla, la conquista de territorios, la guerra. Pero su marca personal y su reputación le llevaron a levantar una gran empresa, conseguir financiación, ver cómo su equipo crecía cada día, cómo los clientes de su sector —señores y nobles castellanos, caudillos árabes— contrataban cada vez más sus servicios y cómo aumentaba su fortuna y su fama.

Ese es el poder de la marca. El poder de impulsarnos hacia nuestros objetivos, por difíciles que puedan parecer.

EJERCICIO

Al pensar en los atributos y valores que queremos transmitir, una buena práctica es ponernos en el lugar de aquellos que van a recibir esa información, realizando un ejercicio de empatía y pensando en cómo la van a interpretar.

Para ello te sugiero que dediques un tiempo a reflexionar y escribir sobre cómo son las personas a las que te quieres dirigir y cómo crees que percibirán la información que quieres enviarles. Por ejemplo, puedes preguntarte:

- ¿A quién quiero dirigirme?

- ¿Cómo creo que son esas personas?

- ¿Estoy expresando lo que quiero decir de la manera más adecuada para que interpreten lo que quiero transmitir?

- ¿Lo que comunico es claro o puede generar confusiones o ambigüedades?

- ¿Utilizo el vocabulario adecuado?

- ¿Estoy llegando por los canales más eficaces?

- ¿Qué imagen creo que estoy dando?

- ¿Qué reputación creo que puedo lograr con esta imagen?

Hacerte estas y otras preguntas y escribir las respuestas proporciona una visión global muy útil y algunas perspectivas diferentes y provechosas que serán muy valiosas para el propósito que quieres alcanzar.

Lo que nos diferencia es nuestro capital de marca

Los atributos y valores que nos diferencian, aquellos que nos permiten destacar, que logran que los demás se fijen en nosotros como portadores de algo que nos hace únicos, constituyen nuestro capital de marca. Descubrirlos, definirlos y comunicarlos es esencial para la creación de una buena reputación y de una marca personal eficaz, ya que se convertirán en nuestro mayor activo a la hora de alcanzar el éxito como líderes o emprendedores, logrando que los demás nos elijan frente a otras opciones.

Según Tom Peters, el gran gurú del *management*, definir y demostrar cuáles son nuestros valores no es un capricho: es una opción de supervivencia laboral. Es decir, si no te diferencias, te extingues, (profesionalmente hablando, claro está). «Distínguete o extínguete», dice también Tom Peters, y esa es la cruda realidad en nuestros días. Aunque pensándolo bien, ¿qué le habría ocurrido al Cid si no hubiera contado con esa poderosa marca personal? Me temo que también se habría extinguido, y no solo profesionalmente. Por tanto podemos deducir que no es solo un asunto de nuestra era, sino que desde siempre en la historia de la humanidad ha tenido más opciones quien ha destacado por algo diferente, el que ha sido «único en su especie» y ha tenido la visibilidad necesaria para que todos se dieran cuenta de ello. Porque la visibilidad es imprescindible; sin ella nadie sabrá qué es eso que hacemos tan bien y que tanto les puede ayudar.

Oscar Wilde decía: «Sé tú mismo. Los demás puestos ya están ocupados». Así que esa es la buena noticia: cada uno de nosotros es único. Y eso significa que tenemos características y maneras de hacer las cosas que no puede proporcionar nadie más. La cuestión es ¿cómo ser nosotros mismos y destacar aquello que nos hace diferentes?

> **❝***Vende a Alcocer el Cid Ruy Díaz,*
> *y paga opulentamente a sus vasallos,*
> *enriqueciendo a caballeros y peones.*
> *No queda pobre entre todos: quien a buen*
> *señor sirve, buen galardón alcanza***❞**

Bueno, el camino está claro. Y como todos los caminos comienza con un primer paso: el autoconocimiento. El famoso aforismo «conócete a ti mismo» estaba grabado en piedra en la entrada del templo del dios Apolo en Delfos. Estamos hablando de una frase que se grabó allí ocho siglos antes de Cristo y que continúa vigente, lo que da una idea de la importancia que ha tenido, tiene y tendrá. Porque no es posible llegar a la sabiduría ni adquirir el conocimiento necesario para crecer como personas y como profesionales si no nos conocemos a nosotros mismos, si no nos miramos con honestidad para comprendernos y aceptarnos para orientar nuestra vida según nuestros propósitos e intereses, lo que nos permitirá ser más felices. Se trata de descubrir en nosotros aquellos valores y talentos con los que podemos brillar y acompañar a los demás en su desarrollo, así como de percibir aquellas áreas de mejora que, bien trabajadas, nos harán avanzar y sentirnos satisfechos. En el liderazgo esto es esencial. Nadie puede llegar a ser un buen líder o un emprendedor de éxito si no es consciente de sus fortalezas y áreas de mejora. A los líderes, hacer esa reflexión les permite saber con qué recursos personales cuentan para impulsar a sus equipos, a la organización en la que trabajan y a sí mismos. Y también averiguar qué es lo que no se les da especialmente bien para poder mejorarlo y, en el camino de ese desarrollo, descubrir qué persona de sus equipos sí tiene ese talento y confiar en ella para cualquier proyecto que lo requiera. A eso se le llama humildad, juicio, criterio, sabiduría, capacidad de observación... En una palabra: autoconocimiento. Conocerse a uno mismo significa adquirir conocimiento sobre la propia naturaleza. Y esto es esencial, ya que no podremos impulsarla si no sabemos cuál es.

Trabajo habitualmente con líderes, empresarios, emprendedores y equipos desarrollando sus habilidades y competencias, descubriendo sus talentos y sus áreas de mejora. Y desde mi experiencia hasta ahora, la mayoría de las personas con las que he hablado del tema nunca habían tomado conciencia de qué es aquello que les hace únicos. Por eso, el autoconocimiento es el primer paso para desarrollar una marca personal eficaz y rentable. Y para mí, trabajar la marca personal consiste en ser honesto. Porque mirarnos en nuestro propio espejo para apreciar todo lo bueno que tenemos y descubrir lo que nos diferencia, así como aceptar lo mejorable con el propósito de trabajar en ello, requiere de una intensa y lúcida reflexión siendo muy honestos con nosotros mismos. De nada sirve asignarnos unos atributos que nos encantan pero que no son ciertos, pues construiremos nuestra reputación y nuestra marca personal sobre unos cimientos débiles que se derrumbarán en cuanto comencemos a levantar el edificio de nuestra vida profesional futura. Teniendo en cuenta que las marcas más sólidamente construidas son las que se consideran más creíbles, la objetividad a la hora de identificar los atributos que nos hacen únicos es fundamental para alcanzar el éxito. Entonces, después de trabajar el autoconocimiento, el segundo paso es preguntarse: ¿qué tengo que me hace diferente? ¿En base a qué características quiero que los demás me reconozcan? ¿Qué es lo que mejor se me da? Y para hallar las respuestas, el autoconocimiento saldrá al rescate.

Tras un amplio ejercicio de reflexión para conocernos mejor son necesarios algunos pasos más que vamos a ver a continuación a través de mi «Decálogo de marca personal»:

DECÁLOGO DE MARCA PERSONAL

1. Haz un DAFO de ti mismo: Debilidades, Amenazas, Fortalezas y Oportunidades.

2. Pregúntate para qué quieres desarrollar tu marca personal, cuál es tu objetivo, tu propósito. Saberlo te ayudará a enfocarte.

3. Define ese objetivo de manera concreta y clara. Que sea específico, medible, alcanzable, relevante y acotado en el tiempo. Un objetivo SMART en toda regla. Los objetivos muy abstractos o poco realistas no suelen cumplirse.

4. Establece a quién quieres dirigirte. No pienses solo en clientes; amplía tu *target*, piensa por ejemplo también en prescriptores, personas que puedan recomendarte, en colegas, proveedores, colaboradores, etc.

5. Decide qué vas a hacer para dar a conocer tu marca personal y para contar con la visibilidad que necesitas para llegar a tu público objetivo. Haz un plan de acción que incluya *networking* presencial y digital, uso eficaz de las redes sociales, colaboraciones y sinergias con otras empresas o personas, etc.

6. Si quieres crea un blog, pero no lo descuides; esto último iría en contra de tu marca personal.

7. Ayuda siempre que puedas. Mejorará tu reputación y la mayoría de las veces te devolverán los favores.

8. No olvides la coherencia de marca. Todo lo que hagas, digas o escribas tienen que ser coherente con tu marca personal.

9. Crea contenidos que ayuden a que tu marca esté siempre visible. Puede ser una foto en Instagram, un *post* en LinkedIn, una noticia en Facebook, una charla en un foro al que asista tu público objetivo, un voluntariado, cursos para darte a conocer, etc.

10. No intentes gustar a todo el mundo; es imposible y te quitará energía para otras cosas más eficaces.

———————————●———————————

Marca personal, reputación, prestigio, nombre... todo está relacionado y son claves esenciales para llevar a cabo con éxito cualquier proyecto empresarial o de liderazgo. Hace un milenio fueron los únicos recursos que no pudieron quitarle al Cid en el destierro y fue también lo que le condujo al éxito. Hoy en día, en la era digital, Facebook, LinkedIn, Instagram, Twitter, etc., contribuyen a construir nuestra marca y reputación casi en tiempo real. Es la visibilidad lo que hace que los demás sepan que existimos, que descubran lo que hacemos, cómo lo hacemos y si puede resultarles útil. Y a partir de ahí, que decidan contar con nosotros. De cada uno depende decidir cómo hacer público lo que es o cree que es, y cómo vivir, actuar y comportarse de forma coherente con ello. De los demás, creerlo, aceptarlo y encumbrarnos. O no.

❝*Veíase al Cid sobre su caballo, espada en mano, fruncida la cofia sobre la cara y caída sobre la espalda la capucha de la lóriga. ¡Oh, Dios, qué bien barbado que es!*❞

EJERCICIO

Piensa en cinco personas que te conocen bien y con las que tienes mucha confianza. Escríbeles un *e-mail* pidiéndoles que te digan tres cosas que haces muy bien (tres cosas en las que creen que destacas o que tienes talento) y una que podrías mejorar.

Mientras recibes sus respuestas, hazte a ti la misma pregunta y escribe tres cosas que crees que te diferencian, que te hacen único o en las que crees que destacas. Apúntalas y reflexiona sobre ellas:

- ¿Son suficientemente diferenciadoras?

- ¿Contribuirán a hacer de ti un profesional mejor?

- ¿De verdad destacas en eso o simplemente es lo que te gustaría?

- ¿Estás siendo totalmente honesto contigo mismo?

Si te resulta difícil encontrar esas características que te hacen diferente, te sugiero que recuerdes algunos de tus logros pasados, tanto en el terreno profesional como en el personal. En ellos encontrarás claves que te ayudarán a identificar fortalezas y talentos para construir una reputación y una marca personal sólida.

CAPACIDAD DE LIDERAZGO

❝ *Por seguirlo, unos abandonan sus casas, otros sus heredades. Ese mismo día pasaban el puente del Arlanzón ciento quince jinetes preguntando por dónde anda el Cid* **❞**

En el momento del destierro, el Cid ya no era solo un valeroso caballero: era un líder admirado y respetado al que muchas personas estaban dispuestas a unirse. Como ya hemos visto, su trayectoria profesional, su fama y reputación le habían colocado en una posición de liderazgo que no solo no abandonaría jamás, sino que se vería aumentada y reforzada a lo largo de los años con cada gesto, con cada decisión, con cada triunfo. Todo ello se describe en el *Cantar*, sorprendiendo fuertemente el hecho de descubrir en el relato de las hazañas del Cid una serie de competencias, habilidades, actitudes, comportamientos y decisiones dignos de los mejores y más admirados líderes de nuestros días. Desde nuestra actual perspectiva, el *Cantar* nos muestra que el Cid Campeador fue sin duda un líder carismático, un emprendedor de éxito y un gestor de personas altamente eficaz porque:

- Entendió que debía adaptarse al cambio con agilidad
- Definió claramente sus objetivos
- Generó una visión positiva de su futuro

- Supo escuchar a sus colaboradores y les mantuvo informados de sus planes y decisiones
- Asumió su liderazgo y su responsabilidad en el proyecto
- Delegó con plena confianza en sus mejores hombres
- Forjó alianzas que le permitieron conseguir los medios necesarios para lograr sus objetivos
- Obtuvo los mejores resultados posibles y recompensó a todos sus colaboradores por ello

Y todo lo anterior es exactamente lo que se espera de los líderes de hoy en día, que desarrollan su labor en entornos de incertidumbre y cambio permanente, sin un horizonte claro y con muchísima presión.

Pero ¿qué competencias y características distinguen a la capacidad de liderazgo de los verdaderos líderes en situaciones de incertidumbre? Aunque el liderazgo es un tema complejo que depende de muchas variables, hay cuestiones a tener en cuenta que son la base de cualquier liderazgo de éxito. Vamos a ver algunas de ellas, esas que nos muestra el *Cantar* y que podemos también observar en los grandes líderes de nuestros días.

Poder y autoridad

La capacidad de liderazgo del Cid se sustentaba en buena parte en su reputación y en la autoridad que emanaba de él. El Cid tenía poder, es indudable, pero también autoridad, que es la esencia de la que están hechos los auténticos líderes. Esta importante diferencia es un concepto que surgió en el Derecho Romano, según el cual, la autoridad (*Auctoritas*) era una legitimación social que tenía origen en unas capacidades reconocidas por los ciudadanos. Una de ellas era la capacidad moral para emitir una opinión cualificada sobre una decisión, basada en la experiencia y en la sabiduría, y otorgada y respetada por la sociedad. Cuando traducimos la palabra *Auctoritas* como autoridad, lo cierto es que se pierden muchos matices del término latino original, y también se ganan otros asociados a lo que representa ese concepto en la actualidad. Por tanto podemos decir que la *Auctoritas* era la capacidad moral de una persona para dirigir, aconsejar y emitir opiniones cualificadas. Esta capacidad se ganaba cada día a través de la generación de confianza y la demostración de determinadas competencias, habilidades y valores que otorgaban a quien los poseía una legitimación social fuera de toda duda. Aplicada al terreno del liderazgo, podríamos decir que se da cuando los equipos confían en su líder, respetan sus decisiones, admiran su visión y quieren formar parte de ella. Cuando esto ocurre surge un tipo de liderazgo inspirador altamente eficaz en el que el líder y sus colaboradores y sus equipos comparten valores y motivaciones y trabajan por el bien común y un objetivo compartido. Es un liderazgo basado en la confianza otorgada por las personas a las que se lidera, quienes solo la entregan cuando se demuestran competencia, fuerza moral, sabiduría y capacidad de servicio. La *Auctoritas*, la Autoridad con mayúsculas, se la conceden al líder los demás cada día, y bien gestionada puede durar toda la vida, incluso perdurar cuando el líder ya no mantiene la posición, el rol o el cargo que le permitió ganársela.

Por el contrario, el poder (*Potestas*) era la capacidad legal para hacer cumplir las propias decisiones, es decir, una jerarquía impuesta pero no legitimada socialmente, basada en la capacidad coercitiva de las personas que ostentaban ese poder. Era (y es) lo que hoy llamamos un cargo con poder. En este caso no hay inspiración, o cercanía o admiración hacia el líder, sino solo obligaciones e imposiciones. Y en este sentido, el tipo de liderazgo ejercido desde el poder no tiene capacidad de influencia ni de motivación; es simplemente un cargo impuesto. Cuando el líder cesa se acaba el cargo, y con él también el poder, puesto que al líder que lo ostentaba nadie le concedió más crédito que el que le otorgaba el propio cargo.

En la antigua Roma existía una tradición muy curiosa. Cuando un general volvía victorioso de una campaña de guerra, tan exitosa que hacía una entrada triunfal en Roma, siempre le acompañaba detrás un esclavo cuya misión consistía en repetirle: «*Réspice post te, hominem te esse memento*», es decir, «mira hacia atrás y recuerda que solo eres un hombre». Algo que cualquier líder con *Potestas* y sin *Auctoritas* debería tener en cuenta, porque, como dice mi socio David Russ, «el poder dura lo que dura el cargo, pero la autoridad —el verdadero liderazgo— es para siempre».

A lo largo de la historia de vez en cuando surge un líder en el que confluyen tanto la autoridad como el poder. Personas como Nelson Mandela, Gandhi, Steve Jobs, Bill Gates, Barack Obama, Alejandro Magno, Genghis Khan... y por supuesto el Cid Campeador, quien se ganó la autoridad tomando decisiones acertadas, siendo siempre fiel a sus valores, y sobre todo dando ejemplo, puesto que si había que luchar, él salía a luchar el primero, si era necesario ayudar a sus hombres, lo daba todo por ellos, si trabajaban duro, él alababa su trabajo, si se generaban ganancias, las repartía con generosidad. Con esa actitud el Cid demostraba su capacidad de liderazgo y sus férreos principios a cada paso, lo que le permitió ganarse la lealtad y el respeto de su hueste y el de la sociedad, la *Auctoritas*. Esto funcionó hace un milenio y funciona exactamente igual en nuestros días: el verdadero líder genera compromiso, confianza, admiración, e inspiración y es capaz de potenciar los recursos de sus colaboradores de forma que todos ellos puedan convertirse en la mejor versión de sí mismos.

" *Con vos, Cid, con vos iremos por yermos y poblados, y no hemos de faltar mientras tengamos alientos. En vuestro servicio se nos han de acabar nuestros caballos y mulas, dinero y vestidos. Ahora y siempre hemos de ser vuestros leales vasallos* **"**

Porque, aunque pueda parecer paradójico, liderar con autoridad consiste en servir a los demás, de forma que puedan alcanzar sus metas y aprovechar todas sus capacidades. Así se generan las mayores lealtades, vínculos de agradecimiento y deseos de responder a las expectativas, una energía imparable capaz de superar cualquier reto y alcanzar cualquier objetivo.

En definitiva, la *Auctoritas* era el saber socialmente reconocido, en contraposición a la *Potestas,* que era el poder socialmente reconocido. Los líderes extraordinarios siempre tienen *Auctoritas.* A veces también *Potestas,* como Ruy Díaz de Vivar, el Cid Campeador.

Liderar en entornos VUCA

El Cid contó desde siempre con todo el respeto de sus hombres y con un gran prestigio allá donde iba, con esa legitimación social propia de las personas con *Auctoritas.* Pero fue a partir del momento del destierro cuando comenzó de verdad la construcción del mito, la imparable leyenda que todavía le acompaña y, desde nuestra perspectiva actual, el descubrimiento de un gran hombre de empresa. En la trayectoria profesional del Cid el destierro representó el cambio, lo inesperado, la incertidumbre. Y al ser capaz de adaptarse a él tan ágil y eficazmente, comenzó a demostrar tanto sus competencias naturales para ejercer el liderazgo como la claridad de su visión estratégica. La flexibilidad que muestra al reaccionar ante la nueva situación, el valor y la determinación con los que se enfrenta al cambio y la agilidad con la que constituye el núcleo de lo que será su nueva organización demuestran una lucidez y un liderazgo extraordinarios, dignos de ser tenidos en cuenta precisamente en el momento de cambio de paradigma que se está produciendo en todo el mundo. El Cid comprende que no hay vuelta atrás y sabe que debe comenzar una nueva etapa cuanto antes. Se da cuenta de que el único camino es aceptar la nueva situación y seguir adelante utilizando con creatividad y valentía los recursos con los que contaba en ese momento. Lo anterior ya no servía; debía pensar en hacer las cosas de otra manera, en liderar el cambio. Lo primero que hizo fue establecer su objetivo con total claridad: limpiar su nombre y demostrar el error de sus detractores. A partir de ese momento, el Cid comienza a visualizar el camino que tiene que recorrer para llegar a la meta que se ha impuesto; es decir, puede ver con nitidez cómo le gustaría que fuera su futuro y, en consecuencia, empieza a dar los pasos necesarios para llegar a él. Por tanto, en el momento del destierro el Cid nos da una nueva lección empresarial que es íntegramente válida para las organizaciones post-covid; es capaz de liderar con éxito en un entorno de incertidumbre y de convertir una amenaza en una gran oportunidad, como hacen hoy en día los grandes líderes, aquellos que saben adaptarse a los cambios con creatividad, flexibilidad y agilidad, definir un objetivo que les ayude a manejar con éxito la nueva situación, construir una visión positiva e ilusionante del futuro y activar con inteligencia todos los recursos necesarios para hacer realidad su proyecto.

> **❝ ¡Albricias, Álvar Fáñez; nos han desterrado, pero hemos de tornar con honra a Castilla! ❞**

Hoy en día, en el contexto organizacional, una situación como la vivida por el Cid la definiríamos como un entorno VUCA, que es el acrónimo de *Volatility, Uncertainty, Complexity* y *Ambiguity*, es decir: vulnerabilidad, incertidumbre, complejidad y ambigüedad, O lo que es lo mismo, un contexto de incertidumbre generalizada. El origen de este término está en el Ejército de los Estados Unidos en los años 50 —de nuevo un entorno de batallas, guerras y conflictos internacionales que nos evocan lo vivido por el Cid—, que lo acuñó para describir el estado de incertidumbre en el que se encontraba el mundo tras el fin de la Guerra Fría. Alrededor de los años 90, este término saltó del contexto militar al entorno organizacional y comenzó a utilizarse en la estrategia empresarial de todo tipo de organizaciones. Y desde luego ha venido para quedarse, porque las circunstancias en las que se ha visto inmerso el mundo a causa de la pandemia son claramente las de un entorno VUCA, cuya complejidad provoca una situación de incertidumbre generalizada que nos hace sentir permanentemente vulnerables, con cambios de todo tipo que se suceden vertiginosamente y donde el panorama es de una ambigüedad colosal.

Y, si lo pensamos, esta descripción tiene bastante en común con lo que le tocó vivir al Cid tras su destierro. Podemos imaginarnos sin mucho esfuerzo la incertidumbre que le supuso tener que empezar de nuevo sin recursos, en un contexto muy complejo de guerras y conflictos entre los distintos reinos y condados de la Península Ibérica, con una gran parte de sus territorios dominada por los caudillos árabes y la otra por los nobles cristianos, con alianzas ambiguas y cambiantes entre unos y otros, y con la vulnerabilidad intrínseca a un sector de actividad que cabalgaba constantemente en compañía de la muerte. Ese sí que era un entorno VUCA de verdad, mucho antes de que el Ejército de Estados Unidos le diera nombre, cuando ni siquiera América existía tal y como hoy la conocemos, y donde los cambios, si bien no se producían a la velocidad a la que se producen ahora, sí eran verdaderamente dramáticos, marcando la diferencia entre vivir o morir.

Si queremos analizar con algo más de detalle el término VUCA en el mundo de las organizaciones y del liderazgo, lo primero que tenemos que comprender es lo que significan las siglas en el contexto actual. Por su claridad y concisión, me gustan especialmente las definiciones que maneja Jeroen Kraaijenbrink, experto en estrategia de liderazgo:

- *Volatilidad*. Se relaciona con la rapidez del cambio en las organizaciones, los mercados y el mundo, con fluctuaciones y turbulencias. Cuanto más volátil es el mundo, más rápido se suceden los cambios.

- *Incertidumbre*. La sentimos cuando no sabemos lo que nos depara el futuro y la única certeza que tenemos es que las cosas cambian con rapidez y desconocemos hacia dónde van. Cuanto más incierto es el mundo, más difícil es predecir hacia dónde irá.

- *Complejidad*. Viene dada por el número de factores que necesitamos tener en cuenta y su relación entre ellos. Cuantos más factores hay que considerar y más se relacionan entre ellos, más complejo es el entorno empresarial o el mercado y más azaroso y difícil de analizar.

- *Ambigüedad*. Falta de claridad para poder interpretar lo que sucede, ya que la información es contradictoria o inexacta. Cuanto más ambigua la situación, más difícil es de interpretar.

Y claro, la cosa no queda aquí, porque en un entorno VUCA estos cuatro elementos no se pueden valorar por separado, sino que se relacionan entre sí. Por ejemplo, si un mercado es complejo y volátil, más difícil será predecir su comportamiento y más incierto será.

Habiendo ya definido los conceptos de los que partimos para hablar de entornos VUCA, la pregunta lógica que surge desde la perspectiva del liderazgo y el emprendimiento es: ¿cómo podemos gestionar esta situación con la mayor probabilidad de éxito? Aunque, por definición, hablamos de situaciones de incertidumbre en las que no se puede asegurar que las cosas funcionen como hemos previsto, una serie de comportamientos y actitudes ayudan a gestionar mejor estos entornos.

Por ejemplo, si la volatilidad nos remite a cambios rápidos y difíciles de predecir, ya que no siguen unas pautas o tendencias claras, los líderes y emprendedores pueden mejorar la situación comportándose de manera fiable, siendo ellos mismos lo inmutable frente al cambio, lo que permanece con garantías y da confianza, esforzándose por mantener lo acordado y lo dicho, de forma que generen espacios de seguridad y estabilidad dentro de los momentos de cambio.

Igualmente, en situaciones de incertidumbre en las que se suceden cambios inesperados y donde lo vivido en el pasado no sirve para predecir lo que ocurrirá en el futuro, el líder y el emprendedor pueden:

- Generar confianza en las personas
- Hacer que estas se sientan parte de algo fuerte e importante
- Mantener a sus equipos unidos, motivados y comprometidos
- Buscar siempre el entendimiento
- Comunicarse de forma claramente entendible, tratando de resolver dudas en la medida de lo posible

A mitigar situaciones complejas en las que se interrelacionan diversos factores poco predecibles, impulsar una comunicación transparente, tanto en lo que se dice como en lo que nos dicen, ayudará el generar una mayor confianza mutua y una actitud colaborativa en los esfuerzos que sea necesario hacer para evolucionar en esos contextos.

Y, por último, en la ambigüedad, donde la claridad brilla por su ausencia y es difícil predecir el impacto de las acciones o iniciativas que se lleven a cabo, es necesario ser muy claros a la hora de exponer el propósito que nos guía, de forma que los colaboradores o colegas lo comprendan y compartan, dando instrucciones también claras y con responsabilidades bien definidas que evitarán temores y lograrán empoderar a las personas.

> **"*Oíd, caballeros, he de hablaros claro: al que no se mueve de un sitio se le acaba el sustento. Cabalguemos al amanecer, recoged la tiendas y adelante*"**

La mejor herramienta con la que contamos las personas para gestionar la incertidumbre es la comunicación, de la que hablábamos en marca personal, que es lo que en los entornos VUCA permite alimentar la confianza, lograr que las personas se sientan más seguras y menos desorientadas, que vean el camino claro y comprendan mejor los pasos a seguir, entre otras muchas cosas positivas que veremos después. La diferencia entre gestionar con una comunicación eficaz o gestionar con una mala comunicación es abismal tanto en resultados, rentabilidad y productividad como en compromiso y motivación de los equipos gestionados. De la comunicación depende en buena medida el éxito o el fracaso de cualquier proyecto que se quiera gestionar o poner en marcha.

Gestión de equipos

El Cid sabía muy bien que, además de su reputación, el mejor recurso con el que contaba para lograr el éxito de su empresa eran las personas, sus fieles guerreros, sus colaboradores. Sesenta de ellos marcharon voluntariamente con él al destierro, y muchos más se fueron uniendo a su ejército durante los nueve días de plazo que le dio Alfonso VI para abandonar sus propiedades, despedirse de su familia y amigos, y salir del reino de Castilla. El Cid supo agradecer profundamente a sus seguidores la difícil y arriesgada decisión que tomaron al acompañarlo, pero también comprendió que para recompensarlos como merecían era imperativo alcanzar el éxito. Y para lograrlo solo había un camino: compartir con ellos su objetivo desde el principio y hacer que se sintieran parte de él. El *Cantar* nos muestra al Cid como un gran gestor de equipos y un verdadero líder inspirador. Cabalgaba con ellos, acampaba con ellos, compartían el alimento, soportaba las inclemencias del tiempo juntos, luchaban codo con codo, y repartía generosamente las ganancias con ellos. En una palabra: daba ejemplo, que es una de las cualidades principales para ejercer un liderazgo inspirador y eficaz. Les demostraba una y otra vez que no solo era capaz de enfrentarse a la adversidad con valentía, sino que también podía descubrir las mejores oportunidades en las peores amenazas. Y que la fuerza moral del objetivo que se había marcado era imparable y concernía a todos ellos, sin excepción. Y por eso cada uno de sus guerreros sentía ese proyecto como suyo. De esta forma se ganó su lealtad, su admiración y sus corazones, les implicó en una visión de futuro llena de oportunidades, sin ocultar los riesgos, generó compromiso para alcanzar las metas y puso en marcha el motor que impulsaría todo su proyecto: la motivación y la energía de los hombres leales, recios, duros y experimentados que lo acompañaban.

> **"¡A ellos, mis caballeros, en el nombre de Dios!**
> **¡Yo soy Ruy Díaz de Vivar, el Cid Campeador!**
> **¡Oh, qué bien lidia, sobre dorado arzón,**
> **el Cid Ruy Díaz, gran combatiente;**
> **oh qué bien Minaya Álvar Fáñez,**
> **el que tuvo mando en Zurita; Martín Antolínez, el**
> **ilustre burgalés, y Muño Gustioz,**
> **que fue su criado; y Martín Muñoz,**
> **el que mandó en Montemayor; y Álvaro Álvar,**
> **y Álvaro Salvadórez, y Galindo García,**
> **el buen aragonés, y Félix Muñoz, sobrino del Cid!**
> **Cuántos hay;**
> **todos acuden en auxilio del Cid**
> **y de su enseña"**

Hoy parece sorprendente que la estrategia empleada entonces por el Cid fuera prácticamente la misma que utilizan los grandes líderes en nuestros días para gestionar y motivar equipos, pero si pensamos que lo esencial de la psicología y las necesidades humanas no ha variado mucho en un milenio, quizá sea más sencillo entender que lo que funcionaba entonces es también ahora la base del liderazgo. Todas las personas, independientemente de la era en la que nos haya tocado vivir, hemos tenido necesidades que nos impulsaban y nos motivaban para tomar unas decisiones y no otras. El psicólogo Abraham Maslow, en su obra *Una teoría sobre la motivación humana*, escrita en 1943, formula que a medida que las personas satisfacen las necesidades más básicas, empiezan a desarrollar deseos más elevados. Partiendo de la idea de que solo se piensa en satisfacer necesidades superiores cuando se han satisfecho las inferiores, Maslow creó una pirámide en la que la base está constituida por las necesidades relacionadas con lo fisiológico, es decir, las esenciales para la supervivencia, tales como comida, agua y descanso. La zona superior de la pirámide, el cénit, está ocupada por las necesidades de autorrealización, es decir, el desarrollo del potencial. En medio están, por este orden, las necesidades de seguridad, las de pertenencia a un colectivo o sociales y las de reconocimiento y autoestima.

Prácticamente todos los seres humanos, según vamos satisfaciendo las necesidades que se corresponden con los distintos tramos de la pirámide, consciente o inconscientemente nos encaminamos hacia el siguiente tramo superior. Desde este punto de vista la naturaleza del hombre no ha cambiado, y por ello, tanto si ponemos nuestro foco en una organización empresarial de nuestros días como en las mesnadas de guerreros que lideraba el Cid hace diez siglos, cuando las necesidades básicas relacionadas con la fisiología y la seguridad están resueltas –ya sea a través de un salario o de una soldada o un botín ganado en la batalla– son las de pertenencia a un colectivo, reconocimiento por los logros y autorrealización las que todos buscaríamos satisfacer después. Y para lograr el compromiso, la lealtad y el desarrollo de todo el potencial de los colaboradores, que es el mejor impulso que puede tener cualquier empresa o proyecto para alcanzar el éxito, los verdaderos líderes cuidan de que todos estos aspectos estén contemplados en el desarrollo y la motivación de sus equipos. ¿No se sentían los hombres del Cid parte de un colectivo? Por todas partes paseaban su enseña con orgullo, disfrutaban de la admiración que causaba su hueste cuando atravesaban yermos y poblados, se sentían orgullosos de pertenecer a ella. ¿No recibían reconocimiento por sus logros? El *Cantar* así lo expresa: cada hombre del ejército del Cid recibía reconocimiento material o emocional por sus logros, por su valentía, por su disciplina, por su compromiso, que implicaba poner la vida en juego cada día. Y de ellos, prácticamente todos desarrollaron su potencial sirviendo en la mesnada del Cid, llegaron mucho más allá de lo que nunca habrían imaginado, descubrieron, desarrollaron y demostraron competencias que muchos quizá ni supieran que tenían. Todos ellos subieron junto a él por la Pirámide de Maslow y contribuyeron con sus vidas y sus muertes a forjar la leyenda del Cid, la que incluso casi diez siglos después nos sirve de ejemplo y continua causando admiración.

> **❝ Gracias, mi señor Alfonso; vuestro perdón acepto. Doy gracias primero a Dios y a vos después, y a estas mesnadas que nos rodean ❞**

Las personas necesitamos sentirnos parte de un colectivo, ser aceptados y saberlo. Nos viene de lejos, de hace millones de años, cuando los primeros homínidos tenían más probabilidades de supervivencia en grupo que en soledad. El grupo era una garantía mayor de mantenerse vivo por más tiempo, como ocurría en la hueste del Cid, y esa necesidad se ha mantenido hasta nuestros días. Por eso en general nos sentimos más seguros y felices cuando formamos parte de un colectivo en el que somos aceptados: la familia, los amigos, los equipos deportivos, los grupos que comparten aficiones... La lista es larga, y por supuesto en ella y en un lugar preferente están también los equipos de trabajo. Cuando nos sentimos aceptados sin fisuras, comprendidos, reconocidos, valorados y respetados, nuestro compromiso con el equipo, con el líder y con la organización aumenta. Alcanzamos un nivel de desarrollo que nos permite disfrutar de los logros, que nos hace sentir satisfechos y orgullosos, y que impulsa nuestra autoestima. Parece una utopía, pero afortunadamente ocurre en muchas organizaciones. Lo he visto, lo he experimentado y lo considero uno de los períodos más felices y productivos de mi vida. Cuando tenemos la suerte de vivir una situación así, fluimos, nos sentimos bien, realizados, agradecidos, y en consecuencia dispuestos a demostrar nuestra lealtad y compromiso en cualquier circunstancia, a darlo todo por el equipo, por el líder, por el proyecto, por el bien común.

> **"¡Por todas partes se difunden las nuevas. Nadie se le deserta al Cid; y al contrario, siempre se le aumentan los refuerzos. ¡Cuánto se alegraba de ver tan numerosa gente a su lado!"**

Por eso un líder inspirador trata a sus colaboradores como le gustaría ser tratado: con respeto, reconociendo sus éxitos, escuchando activamente, comprendiendo sus vulnerabilidades, comportándose con justicia y honestidad, impulsando sus talentos y ofreciéndoles oportunidades para desarrollarlos y demostrarlos. En este sentido, cualquier profesional que gestione equipos con inteligencia sabe que las personas motivadas, satisfechas y comprometidas son el activo más poderoso con el que cuentan las organizaciones. Los grandes líderes saben que tener en cuenta las necesidades humanas les ayuda a conectar con sus colaboradores y que el resultado de esa conexión es altamente satisfactorio y rentable.

EJERCICIO: ALCANZAR TU META

Una eficaz forma de definir los pasos que tienes que dar para alcanzar tu meta como líder o emprendedor consiste en «desandar el camino». Imagínate que ya has logrado tu objetivo, sea el que sea. Visualízate en esa situación y saboréala con todo el detalle que puedas:

- ¿Qué ves? ¿Puedes describirlo?
- ¿Qué oyes, qué sonidos, qué palabras?
- ¿Qué estás tocando?
- ¿A qué huele y sabe el éxito?
- ¿Qué sientes en ese momento?

En la página siguiente puedes continuar con este ejercicio escribiendo tu objetivo en la parte superior de la hoja. Después reflexiona sobre cuál es el paso inmediatamente anterior que habrías dado para poder llegar a cumplirlo. ¿Cuál sería la última cosa que habrías hecho para, por fin, lograrlo? Cuando lo averigües, escríbelo debajo del objetivo. Luego piensa qué habrías hecho justo antes de dar ese paso anterior a tu objetivo y escríbelo debajo, y así sucesivamente.

Si con cada paso que escribas piensas qué habrías hecho inmediatamente antes para llegar a ese punto, hasta que llegues al momento actual, tendrás una detallada «línea de tiempo» con las acciones que podrías poner en marcha a partir de ahora para alcanzar tu objetivo como líder o emprendedor.

LÍNEA DE TIEMPO

1. Objetivo cumplido

2. Paso inmediatamente anterior al logro del objetivo

3. Paso inmediatamente anterior

4. Paso inmediatamente anterior

5. Paso inmediatamente anterior

6. Paso inmediatamente anterior

7. Paso inmediatamente anterior

8. Paso inmediatamente anterior

LA FUERZA
DE LA MOTIVACIÓN

> **" *Ruego a Dios, padre espiritual, que pueda haceros algún bien a cambio de las heredades y casas que así habéis dejado por seguirme. Doblado habéis de cobrar lo que perdéis* "**

L iderar es motivar. Y motivar es dar motivos. Motivos para sentirse parte de un proyecto, para inspirar un compromiso, para sentirse afortunado y agradecido. Si examinamos el significado la palabra motivar en el diccionario de la RAE, sus dos últimas acepciones nos dicen que motivar es «influir en el ánimo de alguien para que proceda de determinado modo» y también «estimular a alguien y despertar su interés». Analizando la palabra motivar desde el punto de vista etimológico –su origen–, entonces vemos que proviene de la palabra latina *Motivus*, que significa movimiento, compuesta por el verbo *Movere* (mover) y el sufijo –tivo. Lo que a mí me parece más interesante de todo esto es que el verbo latino *Movere* es también el origen de la palabra emoción. Porque en la motivación está siempre presente la emoción, que puede ser positiva o negativa, y que es la que nos mueve. Pueden motivarnos –movernos– a hacer algo la ira, el odio o el miedo, pero también el amor, el orgullo o la alegría. Los grandes líderes provocan motivación porque influyen positivamente en las personas; su comportamiento genera motivación y emociones positivas, que en el fondo es lo que todos buscamos y preferimos, y es lo que mejores resultados proporciona a todos los niveles.

Todo lo que el Cid hizo durante su vida tuvo un claro reflejo en la motivación positiva de sus seguidores. Sus principios y valores eran admirados, respetados e imitados por todos ellos, y su valentía y honor en el campo de batalla y en la vida eran el espejo en el que se miraban sus cada día más numerosos guerreros y vasallos. Sabía negociar y ser justo. Era muy duro cuando las circunstancias lo requerían y muy humano cuando era necesario. Era coherente y un eficaz comunicador: directo, franco, claro. Por eso todos sabían qué podían esperar de él y qué esperaba él de ellos. No había ambigüedad, confusiones ni malentendidos. Sus hombres confiaban en él y por eso no tenían ninguna duda de que su proyecto llegaría a buen fin.

A pesar del fervor de su hueste, el Cid nunca dejó de dar a sus hombres razones –o mejor, motivos– para seguir a su lado con una actitud positiva; no se durmió en los laureles. Su conducta continuó siendo siempre el ejemplo que marcaba el camino a sus mesnadas, y fue sobre todo el origen de una eficaz motivación que reforzaba los vínculos con su proyecto y su deseo de llevarlo adelante. El Cid sabía reconocer y premiar el trabajo individual de sus mejores hombres, pero nunca olvidaba fomentar el espíritu de equipo. Agradecía con sinceridad el esfuerzo de todos y el apoyo que le brindaban, su valor y lealtad. A cambio les hacía partícipes de un proyecto lleno de oportunidades, reconocimientos y recompensas. Lograba que todos los que formaban parte de su equipo, desde sus más cercanos y antiguos colaboradores hasta el último hombre, sintieran que el trabajo que realizaban era realmente importante y que todos tenían una influencia directa y necesaria para el éxito de todas las campañas que emprendían. Este sentimiento potenciaba lo que hoy llamaríamos «orgullo de pertenencia», una recompensa emocional que, como ya hemos visto en el nivel social de la Pirámide de Maslow, es esencial para lograr que los miembros de un equipo se sientan satisfechos y motivados. Y todo ello sin olvidar el aspecto material, gracias a los generosos botines de guerra que repartía entre todos sus hombres cuando las cosas iban bien, lo que, según el *Cantar*, era casi siempre. El resultado de estos actos motivadores fue la imparable energía de sus guerreros puesta al servicio de un objetivo con el que ya todos se identificaban y que ansiaban conseguir.

> **¡Gracias a Dios y a todos sus santos!**
> **Mientras cuente con vos, Minaya,**
> **todo me ha de salir bien en la vida**

Además, el Cid sabía hacer muy bien dos cosas que hoy en día a menudo constituyen los aspectos más difíciles de poner en práctica para los directivos que gestionan equipos:

1. Rodearse de profesionales, incluso mejor cualificados que él, para realizar determinadas tareas
2. Saber delegar cuando el momento lo requiere

Estos dos aspectos forman parte del liderazgo y del éxito. Sin ellos, ningún líder puede avanzar correctamente, y, en consecuencia, sus equipos y sus organizaciones tampoco. Sin embargo, lo cierto es que es necesario poseer mucha seguridad en uno mismo y una gran confianza en los colaboradores para abordar los dos puntos anteriores con total tranquilidad y el convencimiento de que se está haciendo lo mejor. Esto es algo que a una gran cantidad de directivos de nuestros días les cuesta mucho, como he podido ver en mis procesos de *coaching* ejecutivo y mentorización, ya que no es nada raro que se generen pensamientos suspicaces y sentimientos de desconfianza que les lleven a creer que si se rodean de gente mejor que ellos correrán el riesgo de que estos les hagan sombra e incluso que puedan quitarles el puesto en un momento dado. Es muy común también encontrar directivos que prefieren no delegar porque creen equivocadamente que ellos siempre estarán mejor cualificados que cualquier miembro de su equipo para llevar a cabo una tarea concreta, pero también a veces para evitar la posibilidad de encargar una tarea a alguien y descubrir —o que los demás descubran— que la persona en quien se ha delegado hace la tarea mejor. La realidad es totalmente opuesta, ya que no delegar y no contar con personas altamente cualificadas en el equipo provoca que cualquier directivo dedique demasiadas horas al día al trabajo y no alcance los resultados positivos que podría obtener, lo cual no es sostenible desde ningún punto de vista, porque genera en el líder un altísimo nivel de estrés y de ansiedad y mina su relación con el equipo; y, por otro lado, en los equipos provoca desmotivación, pérdida de talento y síndrome de *burn-out*. Y desde luego para la organización es un pesadísimo lastre, un cuello de botella que retrasa la obtención de sus mejores resultados. Y todo por un problema de inseguridad, falta de autoestima y creencias erróneas del líder.

En este sentido, otra cosa que también sucede a menudo y que impide delegar las tareas en los demás es lo que se conoce como el «*gap* de liderazgo», que suele darse en personas que han sido promocionadas por su alta competencia técnica. Como consecuencia se convierten por primera vez en su vida en responsables de equipos y su dedicación a los aspectos técnicos, en los que llevaban destacando toda la vida, tiene inevitablemente que bajar. En estos casos, en general nadie las ha preparado para gestionar personas y no saben cómo hacerlo, lo que provoca que se sientan mal, inseguras, y por tanto deseen volver a su zona de confort, a controlar lo técnico, lo que dominan, aquello en lo que destacaban y por lo que recibían reconocimiento. Esto no solo impide que deleguen ese trabajo en sus equipos, sino que es uno de los varios orígenes del temido *«micromanagement»* y de la insatisfacción y pérdida de motivación de los colaboradores, que, como ya hemos visto, tiene consecuencias desastrosas para cualquier organización.

Este no parecía ser el caso del Cid, como relata el *Cantar*, cuya inteligencia natural y amplia experiencia le permitían observar los fundamentos de la naturaleza humana. Su seguridad en sí mismo, combinada con la capacidad de tener una perspectiva humilde cuando era necesario, le ayudaban a comprender que estaba rodeado de personas muy valiosas que podían realizar determinadas tareas mucho mejor que él. Estaba capacitado para discernir cuáles eran sus mejores hombres en cada momento y para cada encomienda.

Esa habilidad innata en el Cid hoy en día tiene mucha relación con el modelo de liderazgo conocido como liderazgo situacional, un concepto que desarrollaron Ken Blanchard y Paul Hersey en la década de los 70 del siglo pasado, y que veremos con mayor detalle en otro capítulo de este libro. Esta capacidad de discernir talentos contribuyó enormemente al éxito del proyecto vital y profesional del Cid, y tuvo también mucho que ver en la constante motivación de su equipo. Cada miembro de la hueste del Cid tenía roles diferentes en función de sus competencias, estado físico, edad, experiencia, trayectoria, creencias, lugar de nacimiento, conocimiento del terreno, dominio de las lenguas que se hablaban entonces en la Península Ibérica, conocimiento de sus distintas culturas etc. Y esos hombres, respecto a los cuales el Cid demostraba una total confianza en sus talentos y capacidades, se la devolvían con creces y llenos de motivación, realizando el máximo esfuerzo posible para que el trabajo encomendado saliera a la perfección, lo cual a su vez él sabía agradecer con el reconocimiento y la recompensa económica pertinentes.

> **"¿Sois vos, Álvar Fáñez, valiente lanza? No podía fallar empresa que se os encomienda"**

La estrategia emprendida por el Cid hace casi un milenio abunda en lo que todo líder del siglo XXI sabe: que la motivación es clave para lograr el éxito empresarial. Pero ¿cómo lograr motivar a los demás? Personalmente me gusta pensar que sentirse motivado consiste en querer hacer algo concreto o en querer cumplir las expectativas que otros han puesto en nosotros o en un objetivo compartido. Si un líder espera algo de sus colaboradores y estos están motivados, desearán poder llevar a cabo lo que su líder les pide. Llegar a este nivel de motivación supone que previamente el líder tiene que haberse empleado a fondo en crear las condiciones necesarias para que esto ocurra, que podrían resumirse en los siguientes puntos:

1. Transmitir la propia motivación
2. Creer en los colaboradores
3. Lograr que se sientan parte del proyecto
4. Definir objetivos concretos, retadores y alcanzables
5. Tener en cuenta las diferencias

Transmitir la propia motivación

Las emociones se contagian, está comprobado. Un líder debe sentirse también motivado con la visión y el proyecto, y demostrarlo a su equipo cada día con entusiasmo, trabajo, energía, ideas y esfuerzo. Una de las varias diferencias entre un *jefe* y un *líder* es que un jefe manda, mientras que un líder inspira. Y para inspirar a los demás, que es una de las cosas que más motivación provoca, es necesario transmitir convicción, seguridad, determinación, ganas sinceras, entusiasmo y pasión por el proyecto. Porque, como decía Steve Jobs, la única manera de hacer un gran trabajo es amar el trabajo que haces.

Un líder motivador es también un espejo en el que mirarse. Y lo que ese espejo muestra debe ser siempre coherente con lo que les pedimos a los demás, cosas como compromiso, esfuerzo y entrega. Se llama dar ejemplo, y es una de las cualidades del liderazgo más motivadoras que existen, quizá la que más. No conozco ningún líder inspirador que no trabaje tanto o más que su equipo; de hecho, generalmente más. Son conscientes del privilegio que supone el liderazgo: la oportunidad de influir positivamente en otras personas, y en consecuencia, en la sociedad, y se sienten agradecidos por ello. Eso les permite mantener habitualmente una actitud responsable y positiva, son un caudal de emociones impulsoras que tiene un efecto altamente motivador en sus equipos. Pero los grandes líderes son también humanos. Y ocurre a veces que, ante los obstáculos del camino, ante las muchas dificultades, la energía falla o se pierde momentáneamente la ilusión. Es lógico, aunque la verdadera y profunda motivación que sienten, espoleada por esa actitud de liderazgo positivo, vuelve siempre con igual fuerza que antes. Y esa capacidad de recuperación, de levantarse y volver a caminar hacia el objetivo de manera resiliente es también una actitud inspiradora y un ejemplo que constituye una poderosa fuente de motivación para los equipos.

Creer en los colaboradores

Demostrar a alguien que confías en él y en sus posibilidades y recursos es una de las mejores formas de potenciar la motivación y el desarrollo. Nos ocurre a todos: cuando alguien a quien admiramos y respetamos confía en nosotros, nuestra naturaleza nos hace esforzarnos al máximo para responder a esa confianza y esas expectativas, porque nadie quiere defraudar a quien admira. Si un líder confía en sus equipos de verdad, sin fisuras, si cree en su compromiso con el proyecto, en sus talentos y en su capacidad de desarrollar nuevas competencias, estará levantando los cimientos de la confianza mutua y de la motivación de cada uno de sus colaboradores. Y, lo que es más importante, estará iniciando el camino de su desarrollo profesional, del descubrimiento de su potencial, de su autoconfianza para asumir nuevos retos, cada vez más complejos, y estará también entrenando su capacidad de tomar decisiones adecuadas, lo que les permitirá alcanzar un nivel de autonomía cada vez mayor aumentando la capacidad de delegación del líder.

Todo lo anterior es el objetivo principal de muchos buenos directivos y se logra teniendo siempre en cuenta cuatro aspectos esenciales:

1. Evitar el *micromanagement*
2. Comprender el valor de la escucha activa
3. Saber preguntar
4. Ser asertivo

1. **Evitar el micromanagement**

Algunos responsables de equipos no dan la autonomía necesaria a sus colaboradores, no les dan responsabilidades mayores, no quieren asumir el riesgo de que cometan un error. Prefieren ocuparse ellos mismos de hacer las tareas que consideran que están fuera de las posibilidades de su equipo impidiendo su crecimiento y desarrollo profesional. Aunque no lo expresen verbalmente, esos responsables de equipos están diciendo a gritos, con su actitud y su comportamiento, que prefieren hacerlo ellos porque en realidad piensan que su equipo no está capacitado para la tarea, que no confían en su competencia, que creen que no pueden hacerlo. Y esto desmotiva a cualquiera. ¿Os imagináis al Cid en plena batalla luchando él solo con toda la hueste enemiga porque cree que sus guerreros no van a saber pelear bien? Es absurdo, ¿verdad? Pues es igualmente absurdo lo que hacen muchos directivos con sus colaboradores y equipos. En muchos casos son personas que necesitan controlarlo todo constantemente, cuyo nivel de autoestima y confianza en sí mismos es bajo y por ello no son capaces de dejar que sus equipos crezcan a través de la práctica y la experiencia, lo cual incluye también cometer errores y fracasar. Es parte del aprendizaje. Ningún bebé aprende a andar sin caerse unas cuantas veces. Nadie aprende a conducir una moto sin tener algún percance. Ningún guerrero aprende a luchar sin haber practicado antes el cuerpo a cuerpo, jugándose la vida o la integridad física. No es posible valorar lo que es necesario para llegar al éxito sin antes haber probado y digerido el fracaso. Crecer, desarrollarse, implica practicar, fallar, continuar, entrenar y finalmente disfrutar de la satisfacción de haber superado el reto, de la autoconfianza que da saber que ya somos capaces, y de la motivación que genera haber cumplido las expectativas que alguien a quien admiras y respetas puso en ti. Hoy en día los guerreros están en las organizaciones; el adversario puede ser la competencia, el mercado e incluso a veces la propia cultura empresarial, que es responsable de muchas de las derrotas de las empresas que no aceptan la necesidad de adaptarse al cambio. Adaptarse con flexibilidad y actitud positiva o dejarse derrotar y morir arrastrados por una forma de hacer las cosas que ya no sirve y pertenece al pasado. No se puede ganar sin un equipo motivado y bien entrenado, que sepa tomar decisiones adecuadas y trabajar con autonomía. Y el líder es responsable de ello.

2. **Comprender el valor de la escucha activa**
   Escuchar activamente es un signo de respeto, educación y generosidad. Pero además demuestra inteligencia empresarial. Ya hemos visto que escuchar de verdad es atender plenamente. Atender escuchando, pero también observando, analizando y poniéndose en el lugar del otro. Esa atención permite al líder obtener mucha información, adquirir nuevas ideas y soluciones, conocer mejor a su equipo, saber quién está más o menos motivado en cada momento, ya que el nivel de motivación de las personas puede variar por muchas razones; comprender qué necesitan; qué está ocurriendo con los proyectos y con los clientes; generar una relación mejor y más cercana, etc. Los beneficios son infinitos. Pero en el aspecto que nos ocupa ahora hay uno de vital importancia:

escuchar activamente, con atención plena, permite evaluar el nivel de desarrollo de nuestros colaboradores y los cambios que se producen en ellos. Por ejemplo, un miembro del equipo puede no estar capacitado hoy para una tarea concreta, aunque lo esté para otras. Pero si el líder escucha activamente sus aportaciones, comentarios, propuestas y necesidades, si observa cómo va desarrollándose con cada día de trabajo y experiencia, no solo podrá motivarle, alentando y reconociendo sus progresos, sino que unos meses más tarde sabrá si ya está en condiciones de realizar la tarea para la que antes no estaba preparado. Y cuando llegue ese momento, no solo habrá una persona más en el equipo que cuente con más competencias y capacidades, sino que esta se sentirá enormemente motivada y satisfecha porque su líder habrá seguido de cerca su desarrollo hasta concluir que ya puede delegar en ella mayores responsabilidades.

3. **Saber preguntar**

La pregunta es uno de los principales elementos de desarrollo de las personas y los equipos. Cuando el líder pregunta está propiciando la reflexión en sus colaboradores para poder encontrar la respuesta que consideran más adecuada. Preguntar con intención positiva logra que las personas desarrollen sus procesos de pensamiento de manera más eficaz y, mediante la práctica, entrena su mente para que puedan encontrar mejores soluciones y tomar mejores decisiones. Por eso es mejor hacer preguntas que dar consejos. Además, durante el entrenamiento no hay riesgos, ya que el líder, al escuchar las respuestas puede saber si son adecuadas o exponer otras posibilidades y consideraciones para continuar invitando a la reflexión, hasta que su equipo pueda dar con la solución más interesante. En este sentido, lo más eficaz para provocar la reflexión es hacer preguntas abiertas, porque ellas son las que conducen hacia multitud de caminos posibles, nuevas ideas y soluciones. Luego, una vez decidido lo más adecuado, llegará el turno de las preguntas cerradas, que ayudarán a establecer los detalles concretos para poner en marcha la solución elegida. Por ejemplo: cuándo se iniciará, qué recursos serán necesarios, qué personas formarán parte del equipo de proyecto, con qué presupuesto se cuenta, etc. Todas ellas son preguntas cerradas que exigen respuestas cerradas, concretas, que son las que ofrecen la información necesaria para cerrar los acuerdos que llevarán al éxito del proyecto.

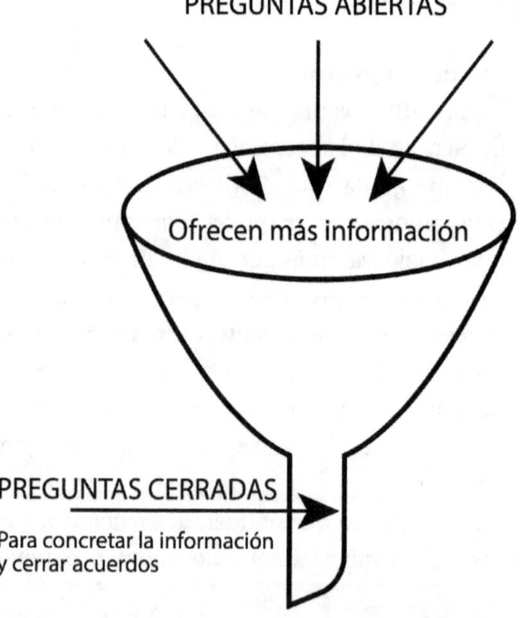

Un líder que constantemente les está diciendo a sus colaboradores lo que tienen que hacer y cómo lo tienen que hacer les está negando la posibilidad de desarrollarse, de aprender a pensar por sí mismos y, en consecuencia, de hacerse cada día más autónomos. Está desperdiciando talento, real y potencial, y contribuyendo fuertemente a la desmotivación de su equipo, impidiendo la posibilidad de delegar, y por tanto convirtiéndose en un cuello de botella que frenará los resultados positivos que tanto ansía. Utilizar la pregunta evita esa situación. No se trata de decir qué hacer y cómo hacerlo. Se trata de preguntar al equipo, escuchar sus propuestas con atención, y después valorarlas y elegir la que parezca más adecuada. Y ahí sí, ahí el líder tendrá la última palabra.

4. **Ser asertivo**

   Dirigida a ofrecer orientación clara y dar *feedback* que contribuya al desarrollo de los colaboradores, la asertividad es una habilidad de comunicación imprescindible en todos los ámbitos de la vida. En ella confluyen dos derechos: el derecho que toda persona tiene a decir lo que piensa, lo que siente, lo que quiere o lo que necesita, y el derecho que tenemos todos a ser tratados con educación. Cuando en una conversación se tienen en cuenta estos dos derechos, la asertividad hace su aparición. Todos podemos decir lo que queramos, siempre y cuando lo hagamos buscando la forma de no ofender a nuestros interlocutores. Si no lo decimos, si nos callamos, estaremos comportándonos de una forma pasiva, no nos sentiremos bien y no estaremos contribuyendo a que las cosas avancen. Si por el contrario decimos lo que queremos pero no tratamos con educación a nuestros interlocutores y les ofendemos, estaremos comunicándonos de forma agresiva. Y hay que tener en cuenta que ser pasivos o agresivos en la comunicación nunca trae resultados positivos; más bien al contrario: genera resultados muy negativos.

En el desarrollo de los colaboradores siempre es necesario orientarles, dejar claro lo que esperamos de ellos, lo que necesitamos que hagan, lo que ya están haciendo bien o lo que deben mejorar. Todos los equipos demandan esa claridad en el líder y que esa información les llegue de forma correcta, sin agresividad, respetando su trabajo y su derecho a ser tratados con educación. En definitiva, con asertividad, una habilidad que es también piedra angular del *feedback* y de todos sus beneficios.

Hacer que se sientan parte del proyecto

El orgullo de pertenencia no se circunscribe solo a formar parte de una organización; también puede referirse a sentirse involucrado en un proyecto concreto dentro de la propia organización. En ambos casos constituye un fenomenal impulsor de la motivación, ya que es una de las necesidades humanas que todos buscamos satisfacer: la necesidad social de pertenencia, el tercer nivel de la Pirámide de Maslow. Lograr que los colaboradores se sientan ilusionados con la tarea que tienen por delante, que deseen llevarla a cabo con éxito, depende de que la sientan como suya, de que sepan que está contribuyendo a impulsar al grupo al que se sienten unidos y del que se sienten parte. Este sentimiento tiene mucho que ver con el tipo de comunicación que su líder mantiene con ellos; en este caso, una comunicación fluida y clara que les traslade el reconocimiento por el trabajo bien hecho y que les haga sentirse siempre parte del colectivo es fundamental. Y, como parte del equipo, siempre es importante que estén informados de las cuestiones esenciales relacionadas con el proyecto, que se comparta con ellos el conocimiento y toda la información posible de manera regular y permanente. Que se les comuniquen los cambios y las decisiones, sean estas favorables o no, pero que como parte del colectivo les atañen. «No hay mayor desprecio que no hacer aprecio», dice el refrán. Cuando no contamos con el equipo, cuando no nos molestamos en dar a sus miembros la información a la que tienen derecho, estamos demostrando un gran desprecio por ellos, estamos diciéndoles entre líneas que no les consideramos importantes. Sin embargo, cuando nos esforzamos en compartir con ellos toda la información posible, nuestro comportamiento les dice que sí son importantes, que son valiosos, y así la motivación aumenta exponencialmente. Si además son escuchados activamente y pueden participar en la toma de decisiones a distintos niveles, se sentirán altamente motivados y satisfechos.

El orgullo de pertenencia impulsa también el bien común, la productividad y la visión global, ya que sentirnos parte de algo hace que deseemos aportar todo lo necesario para que las cosas sigan funcionando, contribuyendo a obtener buenos resultados incluso en las áreas que no nos conciernen de manera directa. Mejora el clima laboral, aumenta el compromiso de las personas y, en los momentos malos, hace que las personas y los equipos se remanguen sin dudarlo y estén dispuestos a esforzarse todo lo que sea necesario para crecer y alcanzar de nuevo el éxito colectivo.

Definir objetivos concretos, retadores y alcanzables

Cuanto más claro y concreto sea un objetivo, más fácil será divulgarlo, comprenderlo y visualizar los pasos necesarios para llegar a él. Esto es algo que a veces parece obvio, pero no lo es tanto. Con frecuencia ocurre que las organizaciones, los equipos y departamentos, o las personas, piensan que los objetivos están claros para todos los implicados, y no siempre es así. En mi experiencia trabajando en desarrollo de habilidades con Comités de Dirección he visto que a veces los propios miembros del Comité tienen objetivos diferentes en la cabeza, y solo toman conciencia de ello cuando se les pide que los verbalicen o construyan un plan de acción para alcanzarlos. Entonces descubren que no los tienen claros o que cada uno de ellos los ha interpretado de manera diferente. Dar por hecho que todos los conocen y los interpretan igual y no dedicar algo de tiempo a comprobarlo puede hacer que cada miembro involucrado en un proyecto esté trabajando en diferentes direcciones, lo que puede ocasionar importantes pérdidas de tiempo, dinero y energía. Por este motivo, definir claramente cada objetivo, expresarlo en una frase concreta y comprobar que todos lo han interpretado correctamente es una forma muy eficaz de asegurar que todas las personas que participan en un proyecto orientarán sus esfuerzos en la misma dirección.

Además de lo anterior, si los objetivos son muy sencillos, la motivación decrece, ya que no se contemplan como un reto que anime a superarse. En el otro extremo, si se consideran inalcanzables, cundirá el desánimo y se tirará la toalla. Es necesario establecer objetivos que contengan una parte importante de dificultad para estimular la sensación de reto, pero también que sean alcanzables, para sentir que merecerá la pena el esfuerzo porque es posible lograrlos.

SMART ya sabemos que es el acrónimo de *Specific, Measurable, Achievable, Relevant* y *Time-bound*, es decir, Específicos, Medibles, Alcanzables, Relevantes y Acotados en el Tiempo. Revisar si nuestros objetivos son SMART es sencillo, rápido y un eficaz *check-list* para comprobar que cumplen todos los aspectos importantes y necesarios para poder ser alcanzados.

Me gusta mucho la historia que cuenta Dale Carnegie en su clásico libro *Cómo ganar amigos e influir en las personas*. Según esa historia, un directivo de altos hornos le preguntó a su capataz por qué razón la planta que él dirigía no rendía lo que debía. El capataz le dijo que no sabía, que había probado ya de todo: reprimendas, gritos, amenazas de despido... pero era inútil, no conseguía aumentar su rendimiento. Entonces el directivo le pidió al capataz un trozo de tiza y le preguntó cuántas veces había descargado el horno el turno del día. «Seis veces», le dijo el capataz, y el directivo se agachó y escribió con la tiza un enorme número seis en el suelo y se marchó. Cuando entró el turno de noche, los obreros vieron el seis y preguntaron qué significaba aquello. El capataz les explicó que era el número de veces que el turno de día había descargado el horno. A la mañana siguiente volvió el directivo y descubrió con satisfacción que el turno de la noche había borrado el seis y escrito un siete. Cuando los obreros del turno de día fueron a trabajar, vieron el siete escrito en el suelo y se pusieron a la tarea con entusiasmo para superar al turno de noche. Cuando se marcharon dejaron escrito en el suelo un enorme número diez. Poco tiempo después esa planta rendía más que cualquier otra de la fábrica. ¿Por qué? Porque una de las mejores formas de alcanzar determinados objetivos es el deseo de superarse, el reto, el desafío, siempre basado en un horizonte de objetivos específicos realistas, claros y motivadores.

Tener en cuenta las diferencias

No todos somos iguales. No a todos nos motivan las mismas cosas. Es verdad que existen detonadores universales de la motivación basados en la esencia de la naturaleza humana, como algunos que ya hemos comentado anteriormente. Pero también es útil tener en cuenta los individuales, que dependen de factores como las preferencias innatas, las creencias, la situación personal, la edad, las expectativas, el nivel de desarrollo del equipo, las competencias y habilidades profesionales de cada uno de sus miembros, etc. Conocerlos es fundamental, no solo para saber cuáles podrían ser las motivaciones de cada miembro del equipo, sino también para asignar a cada persona las tareas que prefiere, aquellas que mejor puede desempeñar, de forma que aumente su nivel de satisfacción, implicación y compromiso, lo que influirá favorablemente en los resultados de cualquier proyecto que se lleve a cabo. Un buen líder dedica tiempo a conocer bien a sus equipos y a las personas que forman parte de ellos, de forma que pueda estar al tanto de sus fortalezas y talentos, de sus habilidades y competencias, de sus capacidades y su potencial, pero también de sus preferencias, trayectoria, experiencia y de todo aquello que le pueda ayudar a asignar tareas de la forma más eficaz y gratificante posible. Lograr que cada colaborador sea capaz de brillar en el desempeño de su trabajo no solo es una de las mejores formas de conseguir que se sienta satisfecho, orgulloso, motivado e implicado; también es quizá la mejor forma de mejorar la productividad y alcanzar resultados extraordinarios.

Todo lo anterior estimulará su sentido de pertenencia al grupo, su espíritu de equipo y su compromiso con cada proyecto. Sus miembros se sentirán orgullosos de formar parte de la organización para la que trabajan. Y no hay que olvidar que, si bien motivar para realizar el mejor trabajo se basa principalmente en cuestiones emocionales tales como la confianza y el reconocimiento, los incentivos materiales también tienen una gran importancia a la hora de conseguir los resultados deseados, como veremos en detalle en la clave cinco, «la recompensa».

Teniendo presentes todos los puntos anteriores, los mismos que se vislumbran entre las páginas de el *Cantar de Mio Cid*, cualquier directivo puede lograr que su equipo se sienta motivado y altamente satisfecho con el trabajo que realiza, lo que sin duda alguna influirá de forma determinante en el éxito de la empresa. Por esta razón, dedicar mayores recursos a la motivación de las personas que trabajan en una organización es una de las decisiones más rentables e inteligentes que cualquier directivo-líder puede tomar. Solo así logrará que se sientan parte de ella y conseguirá aumentar la eficacia y el rendimiento de sus empleados, lo que convertirá a la organización en una fuerza empresarial imparable.

> **❝*¡Ea mis caballeros! Apretad las cinchas, vestid los hierros. Ellos vienen cuesta abajo y traen calzas; traen esas inseguras sillas coceras y las cinchas flojas. Nosotros buenas sillas gallegas y unas buenas botas sobre las calzas. Con ciento bastamos para esas mesnadas*❞**

EJERCICIO

Quizá te resulte útil detenerte un momento a reflexionar sobre si los objetivos establecidos para ti o para tus colaboradores están bien definidos:

- ¿Son suficientemente claros y concretos?

- ¿Se pueden verbalizar en una frase de forma que sea fácil explicarlos claramente a los demás?

- ¿Necesito redefinirlos o siguen vigentes?

- ¿Cuento con las competencias necesarias para alcanzarlos? ¿Y mis colaboradores?

- Si no es así ¿qué competencias tendría o tendrían que desarrollar para alcanzarlos?

Para motivar a tus colaboradores es posible que te ayude un poco de reflexión respondiendo a estas preguntas:

- ¿Qué motiva a cada uno de ellos?

- ¿Cómo son, qué circunstancias están viviendo?

- ¿Qué crees que necesitan?

- ¿Qué es lo que más les gusta de su trabajo?

- ¿Cuáles son sus preferencias?

- ¿Qué echan de menos o les gustaría conseguir?

Si quieres, puedes dedicar un tiempo a escribir la respuesta a estas preguntas para cada uno de tus colaboradores. Así podrás tener una idea más clara de qué es lo que les motiva de forma individual y con esta información podrás contribuir a crear una eficaz estrategia de motivación colectiva.

CONSTRUIR ALIANZAS

*" Pasaréis por Albarracín hasta Molina,
que está algo más adelante, y de la que es señor
Abengalbón, amigo mio, con quien estoy
de paz; él accederá a acompañaros
con otros cien caballeros "*

El *Cantar* nos muestra que, como hombre inteligente que era, el Cid comprendió desde siempre el valor de las alianzas. En una España como la de entonces, dividida en varios reinos, unos gobernados por cristianos y otros por musulmanes, con una presencia judía muy extendida en muchos ámbitos, interminables enfrentamientos por el poder y constantes batallas por la reconquista de territorios, donde los juegos políticos y los intereses personales llegaban a poner en contra incluso a los miembros de una misma familia, que muchas veces terminaban siendo asesinados por sus propios parientes, el Cid sabía que era necesario tener amigos en todas partes. Su carácter dialogante y ecuánime, y su reputación de hombre justo y valeroso le permitieron encontrar y mantener aliados poderosos, dispuestos siempre a ayudarle y satisfechos con su condición de socios suyos. A su vez ellos también se beneficiaban de la ayuda que Ruy Díaz de Vivar podía proporcionarles, tanto en la guerra como en la paz, y de las ventajas que les representaba, en términos de imagen y protección, ser sus aliados o señores.

Si bien es cierto que el destierro fue inducido y causado por las intrigas de sus enemigos, que los tuvo y muy poderosos, también tuvo muchos más amigos fieles, buenos aliados y leales admiradores de todo tipo y condición. El Cid construyó alianzas con árabes, cristianos y judíos, y estas le reportaron enormes beneficios: los comerciantes Raquel y Vidas le financiaron al comienzo de su destierro; Abengalbón, señor árabe de las tierras de Albarracín, estuvo siempre dispuesto a ayudarle en todo lo necesario; y los infantes de Navarra y Aragón se casaron con sus hijas y se convirtieron en sus aliados incondicionales. Estas y otras alianzas fueron determinantes para el éxito de su proyecto, del mismo modo que hoy más que nunca son imprescindibles para toda organización o emprendedor que desee alcanzar resultados positivos.

> **66 De todas partes se le vienen a juntar los desheredados y el Cid necesita unos 600 marcos para pagar a su gente. Y dijeron Raquel y Vidas: los daremos de buena gana 99**

En el contexto actual, emprender o mejorar la competitividad y los resultados de las empresas no es tarea fácil. Por eso es necesario contemplar desde una perspectiva de creatividad y colaboración cómo multiplicar los recursos de los que se dispone. Las alianzas estratégicas con otras compañías o personas, es decir, los acuerdos destinados a beneficiarse mutuamente, constituyen uno de los caminos más rentables para reforzar los planes de crecimiento de las organizaciones y de cualquier proyecto, sobre todo cuando hablamos de emprendimiento. Los directivos y emprendedores ya saben que el éxito de sus proyectos y empresas no depende solamente de lo que sean capaces de hacer, sino también del valor y los recursos a los que puedan acceder mediante acuerdos con otras compañías. Casi el 100% de los consejeros delegados y directivos de todo el mundo considera que las alianzas mediante UTEs, *joint-ventures*, acuerdos con proveedores o acuerdos comerciales son de enorme interés para alcanzar los objetivos marcados en las organizaciones. Además, en la era de la digitalización y de las *start-ups*, donde el florecimiento de nuevos modelos de negocio es imparable y la influencia de las redes sociales es permanente, en un mundo en el que existen cada vez más empresas y proyectos financiados a través de *crowdfunding* y en el que la economía compartida o colaborativa es un hecho, las alianzas no solo son el medio más eficaz para avanzar hacia el éxito, sino que también son la consecuencia lógica de una nueva manera de relacionarse y enfocar la creación e impulso de una empresa con espíritu de sincera colaboración, dadas sus incontables ventajas.

Las políticas empresariales de alianzas son de gran utilidad, incluso en diferentes niveles dentro una organización. Vivimos en un mundo de «clientes externos» y «clientes internos», en el que hasta los propios departamentos de una organización pueden ser clientes de otros departamentos de la misma, algo que cada vez es más habitual. Y por ello, incluso en estos mercados que podemos llamar internos, dentro de una misma compañía, las alianzas despejan mucho el camino hacia los mejores resultados.

Bien planteadas, las alianzas estratégicas sirven para obtener beneficios directos altamente rentables en cuestiones como el impulso de nuevas empresas o negocios, y nuevas categorías de productos, la captación de nuevos clientes, el ahorro de costes, la formación de los empleados, la financiación de proyectos, la mejora de la imagen, la notoriedad de marca, el aumento del talento puesto a disposición de la organización, etc. Pero, además, las alianzas estratégicas ofrecen otros beneficios indirectos derivados de las nuevas oportunidades de desarrollo generadas una vez puestas en marcha. Por ejemplo, un buen entendimiento entre las empresas que forman parte de la alianza puede propiciar nuevos escenarios para otros tipos de colaboración. También generará el que la participación de los profesionales implicados en los procesos derivados de la alianza sea más eficaz y con mayor motivación. Además impulsará ideas nuevas como consecuencia de la participación de personas con otros puntos de vista o que provienen de diferentes filosofías empresariales, culturas, trayectorias, etc. Y puede propiciar el descubrimiento de nuevos talentos y nuevas oportunidades. Al final, los beneficios de toda índole y para todo tipo de empresas o proyectos pueden ser casi infinitos, dependiendo de cómo se combinen los diferentes factores que entran en juego −el tipo de alianza, las organizaciones y personas implicadas, el momento en el que se ponen en marcha, el sector en el que se desarrollan, la situación del mercado, etc.−, y es un hecho el que pueden tener un enorme impacto positivo en los resultados de las compañías. Y, por supuesto, como ya demostró el Cid hace un milenio y podemos observar hoy constantemente, pueden ser esenciales y tener un papel fundamental en el desarrollo político, económico y social de las naciones y del mundo.

> **❝***Oíd, Minaya, mi brazo derecho quiero
> que vayáis a Castilla a dar cuenta de esta
> victoria, porque deseo obsequiar al rey Alfonso,
> que me desterró, con treinta caballos, todos
> con sus sillas y frenos y espadas al arzón***❞**

Para poner en marcha un acuerdo o alianza entre empresas o profesionales, y lograr que funcione satisfactoriamente para todas las partes implicadas, es necesario tener en cuenta factores económicos, relacionales y estratégicos. Veamos por qué estos factores son esenciales para asegurar el éxito de cualquier alianza.

Considerar objetivos, sinergias y riesgos

El primer paso consiste en establecer los objetivos que se quiere conseguir. Una vez definidos y expresados clara y concretamente, hay que analizar si para alcanzarlos sería interesante buscar sinergias con otras organizaciones o personas. Porque, como dice el proverbio, «si quieres llegar rápido ve solo, pero si quieres llegar lejos, ve acompañado». Ir acompañado hacia la meta que nos hemos propuesto puede ser una acertada decisión si sabemos elegir a los compañeros de viaje adecuados. En este sentido lo más sencillo es pensar qué se necesita para llegar y, si no se tiene, quién nos lo puede proporcionar.

Omar Jareño, experto en marketing digital, lo expresa así: «Una alianza estratégica es la oportunidad de aprovechar el dinero de otros la fuerza del marketing de otros, la credibilidad de otros, los productos o servicios de otros y las habilidades de otros para generar nuevas oportunidades de negocio». Y en cierto modo no le falta razón. Por eso, dentro de las opciones posibles parece lógico considerar aquellos *partners* complementarios más próximos a nuestra filosofía empresarial y a nuestros valores, que comprendan nuestro modelo de negocio, que contribuyan a mejorar o a aumentar nuestros recursos, que nos proporcionen una ventaja competitiva y que puedan potenciar nuestra reputación e imagen de marca.

El segundo paso sería reducir la lista a aquellos a los que nuestra empresa o propuesta puede resultarles de interés para realizar algún tipo de intercambio o acuerdo destinado a ayudarse mutuamente. Se trata en definitiva de unir fuerzas para lograr un objetivo estratégico común, generando valor para todos los que podrían forman parte del acuerdo.

Cuando ya se tiene clara esta segunda lista, el siguiente paso lógico sería pensar ¿dónde tengo contactos o puedo tenerlos a través de terceros? ¿Con quien tengo o podría tener una mejor relación? ¿Qué beneficios o perspectivas puedo aportarles yo que logren captar su atención para cerrar una primera conversación? Porque se acerca el momento de tantear el interés de los otros en formar parte de una alianza que de momento solo existe en nuestra mente. Y para ello hay que ser muy convincentes y claros. Primero de todo, los beneficios y las sinergias. Si eso no se ve desde el principio, va a ser difícil generar el deseo de explorar una potencial alianza. Es un poco como el dicho: «Por el interés te quiero, Andrés». Pues sí, y es legítimo y respetable. Interés mutuo, que aporte valor a todas las partes implicadas en la alianza.

❝*Oídme, Minaya, y vos también, Pedro Bermúdez. Ruy Díaz, el Cid Campeador, me sirve como bueno; yo le otorgaré mi perdón, que bien lo merece. Venga a verse conmigo, si gusta, que en esta mi corte hay novedades***❞**

Sabemos que cuando una alianza da buenos resultados normalmente es porque los objetivos de todos los actores implicados son compatibles entre sí, es decir, se logran importantes sinergias. El aprovechamiento de estas sinergias compartidas suele tener un reflejo positivo en los resultados, ya sea en forma de beneficios económicos, o indirectamente a través de beneficios cualitativos que posteriormente tendrán una influencia clara en la mejora de los aspectos económicos. En definitiva, para que una alianza funcione tiene que plantearse como un *win-win*, ya que si solo tiene ventajas para una parte no se producirá. Y en el caso de producirse, no durará mucho. De hecho, según el artículo *«A risk perception model of alliance structuring»*, publicado en el *Journal of International Management* por los expertos T.K Das y Bing-Sheng Teng, el índice de fracaso de las alianzas entre empresas podría superar el 50%. Y esto es debido principalmente a los riesgos potenciales, que pueden ser externos o internos. Para evitarlos, algunas de las cuestiones a tener en cuenta son:

- Realizar un análisis exhaustivo de todos los factores implicados en la alianza, desde los aspectos económicos hasta los políticos y sociales, pasando por la posible reacción del mercado, de los clientes actuales y potenciales, las implicaciones de imagen para las marcas que desean establecer la alianza, las diferencias entre ellas y cómo gestionarlas, la competencia, la legislación, etc.
- Enfocarse en el aspecto financiero, analizando las inversiones necesarias, realizando una previsión de los resultados económicos que se esperan conseguir y manteniendo en todo momento un control financiero que evite desviaciones y proporcione una información real y objetiva.
- Estudiar las características culturales de cada una de las partes, así como la influencia mutua y la manera de proceder para integrar las distintas culturas en la alianza. Al hablar de culturas diferentes nos referimos tanto a las empresariales como a las de los distintos países, en el caso de que el ámbito de la alianza sea internacional.
- Considerar la posibilidad de gestionar la alianza por separado, casi como si fuera una empresa o una cuenta de resultados distinta a las de las partes implicadas.
- Alimentar y cuidar la alianza una vez establecida. Ocurre a veces que una vez firmada la alianza, y tras ponerse en marcha, las partes se centran más en la gestión de sus respectivas compañías que en la propia alianza, descuidándola, lo que puede desembocar en el fracaso de la misma.

Establecer relaciones de confianza

Hay que tener en cuenta otras consideraciones que se salen del ámbito estrictamente financiero o de negocio pero que son estratégicas y tienen una importancia capital en la buena marcha de cualquier alianza. Es necesario generar un gran clima de confianza y mantener las mejores relaciones posibles con los aliados, ya que estas contribuyen eficazmente al éxito de los acuerdos alcanzados. Para lograrlo se requiere tomar medidas desde el principio que garanticen el entendimiento entre todos aquellos que tengan que ver con el proyecto, sobre todo si la alianza cuenta con un equipo de gestión específico formado por personas de todas las compañías implicadas. Son medidas dirigidas a lograr relaciones fluidas y eficaces, como por ejemplo:

- Dedicar tiempo a mejorar o cuidar la comunicación para evitar malentendidos y alentar un ambiente positivo, practicando la escucha activa, utilizando la pregunta, siendo asertivos y empáticos, manteniendo una actitud abierta y positiva.

- Desarrollar relaciones simétricas, donde todas las partes implicadas sientan que tienen un peso similar en la alianza, tanto en beneficios como en responsabilidades.

- Generar un alto grado de confianza tomando conciencia del valor de los tres pilares en los que reposa —la sinceridad, la credibilidad y la competencia—, y trabajando cada día sobre los tres para lograr que ninguno de ellos resulte dañado. Porque si alguno se rompe se destruye también la confianza existente, base del éxito de la alianza, algo que cuesta mucho recuperar *a posteriori*.

> **"** *El Campeador se levanta y dice:*
> *'Venid acá, Álvar Fáñez, a quien amo y quiero.*
> *He aquí a mis hijas; en vuestras manos*
> *las pongo; ya sabéis que así lo convine*
> *con el rey, y no quiero faltar un punto*
> *a lo pactado* **"**

Las alianzas han adquirido una importancia tan grande en el mundo hiperconectado e hipercompetitivo en el que vivimos que las grandes consultoras incluso tienen departamentos y expertos dedicados a ofrecer asesoramiento y servicio a sus clientes en este ámbito. Algunas han desarrollado su propia metodología, basada en su conocimiento y en la experiencia que han vivido. Por ejemplo, Christopher A.H. Vollmer y Matt Egol, *managing director* y director de estrategia de la consultora PwC, respectivamente, han definido cinco reglas muy concretas e interesantes para asegurar, en la medida de lo posible, el éxito de las alianzas. Son reglas inicialmente pensadas para compañías digitales, aunque personalmente creo que son válidas para todo tipo de organizaciones, sobre todo en el contexto de incertidumbre actual, y están muy bien planteadas. Esto es lo que nos dicen:

1. **No innovar en solitario**
   Ya sea a través de *joint-ventures*, adquisiciones, inversiones estratégicas o colaboraciones, hoy en día las alianzas son esenciales para incrementar el talento, las inversiones y otros recursos enfocados en la innovación que son necesarios para respaldar nuevos negocios, productos y

experiencias de usuario. Como resultado de ello, el desarrollo de alianzas se ha convertido en un imperativo.

2. **Nadie conoce a ciencia cierta las preferencias del consumidor**

Los consumidores están en constante movimiento. Las compañías saben que no tienen toda la información ni todos los datos y que deben asociarse con aquellos que posean activos de información complementarios. Las alianzas son esenciales hoy en día para obtener una ventaja competitiva mediante un capital de conocimientos superior, y el sólido intercambio de información está convirtiéndose rápidamente en la nueva realidad de las alianzas de alto rendimiento.

3. **Centrarse en conseguir una experiencia de usuario excepcional, en vez de en el intercambio de valor**

Las alianzas más valiosas hoy en día se centran en la creación de experiencias de usuario excepcionales, y no en un mero intercambio de valor entre compañías. La adopción de este enfoque requiere un diseño basado en el componente humano que motive a la alianza a resolver un problema de usuario real en vez de centrarse en los beneficios transaccionales.

4. **Dar con el equilibrio adecuado entre escalabilidad y personalización**

Crear una red extensa de alianzas puede ser caro, ya que los socios principales generalmente exigirán soluciones diferenciadas para sus necesidades. El desarrollo de un modelo de alianza que combine escalabilidad (máximo alcance) con personalización a bajo coste para cada socio resulta fundamental.

5. **Trata a la alianza como a tu negocio**

Muy pocas alianzas estratégicas llegan a alcanzar los resultados deseados. ¿Por qué? A menudo los socios no se enfocan en los recursos, la dedicación constante y la asunción de responsabilidades necesarios para alcanzar un impacto significativo. Por ejemplo, conseguir el éxito a través del desarrollo o lanzamiento conjunto de un producto es difícil. Se necesita tiempo, cuesta dinero y no sucede de un día para otro. Para que salga bien, hay que entender la alianza estratégica como si fuera una verdadera empresa y no una simple operación.

En cualquier alianza, la intención de crear un entorno que propicie las buenas relaciones entre las partes no garantiza que en algún momento no pueda llegar a producirse un desacuerdo. Esto es algo que debe tenerse en cuenta, por lo que es muy útil considerar desde el primer momento el nombramiento de una persona aceptada por ambas partes que, si fuese necesario, pudiera actuar como árbitro.

> **Decid pues, infantes de Carrión, ¿qué daño os he hecho yo jamás, sea en burlas o en veras o en ninguna forma? Aquí, a juicio de la corte, tenemos que repararlo**

Igualmente es recomendable considerar inicialmente la posibilidad de que en un futuro una de las partes pudiera querer abandonar la alianza, bien porque alguna de ellas no cumplió su compromiso, porque no resultó tan rentable como se esperaba, porque las relaciones no eran buenas y la situación se volvió insostenible, porque el mercado ha cambiado y requiere otras actuaciones, etc. Pueden darse muchas situaciones que recomienden el cese de la alianza. Prever esta posibilidad desde el inicio suele ser lo más inteligente, ya que mientras la relaciones son buenas y todavía se están estableciendo los términos para la firma del acuerdo es más sencillo poner en marcha la creación de un procedimiento acordado por las partes que defina cómo actuar si en el futuro se desea anular la alianza. En este caso se contará con un documento que establezca la forma de proceder y otros acuerdos previamente adoptados. Esto facilitaría la resolución de la alianza si llegara el caso, ya que se habría acordado la manera más adecuada para hacerlo y todas las partes sabrían a qué atenerse, evitando discusiones y desacuerdos.

> **Decidle al Campeador, nacido en buena hora, que se prepare para venir a Toledo con sus vasallos de aquí a siete semanas; este es el plazo que le doy. Por amor del Cid convoco estas cortes solemnes. Saludádmelos a todos, y hayan consuelo, que aún de tamaña afrenta saldrán ellos enaltecidos**

EJERCICIO

Es posible que tu empresa, o proyecto o idea necesite un recurso con el que ahora mismo no cuenta. En ese caso una alianza podría ser un modo eficaz de acceder a él. Te sugiero que este ejercicio lo hagas escribiendo las respuestas a las preguntas que verás a continuación y que respondas cada una exhaustivamente antes de pasar a la siguiente.

1. ¿Qué necesitas? Por favor, exprésalo de la forma más detallada posible.

2. ¿Quién te lo podría proporcionar? Haz una lista de todas aquellas empresas, organizaciones o personas que te lo podrían facilitar. Piensa en grande; una gran empresa puede estar tan interesada en establecer alianzas como una pequeña.

3. ¿Qué tienes que les pueda resultar interesante o atractivo? Ponte en su lugar y haz una lista de posibilidades para cada empresa; no todas necesitarán las mismas cosas ni verán en ti las mismas opciones.

4. ¿Con cuáles de esas empresas compartes filosofía o valores? Por ejemplo, si para ti es importante la sostenibilidad, busca alianzas con empresas para las que también sea un valor.

5. ¿Cómo puedes contactar con ellas para presentarles tu propuesta? Piensa si conoces a alguien en esa empresa, no importa el departamento, que te pueda poner en contacto con la persona adecuada. Si no conoces a nadie dentro, piensa si tienes relación con personas que puedan tener contactos allí. Si tampoco conoces a nadie utiliza las redes sociales para llegar a alguien que te pueda abrir las puertas. LinkedIn es una buena opción para ello. Si esto no diera resultado, puedes llamar directamente a la empresa en cuestión y explicar que quieres hablar con la persona responsable del área que tenga relación con lo que quieres ofrecer.

SABER RECOMPENSAR

❝ *El Cid y sus vasallos se regocijan, y ordena aquel que sean distribuidas las ganancias. ¡Oh Dios, qué bien paga a los suyos, así peones como jinetes! ¡Qué bien sabe hacerlo el bienhadado! Todos los que le acompañan quedan contentos* **❞**

La relación trabajo-salario ha sido desde siempre la base del vínculo entre una empresa y sus empleados. Salvo contadísimas excepciones, todo el mundo que realiza un trabajo para una persona u organización lo hace a cambio de un salario previamente acordado y, en general, una parte importante de la satisfacción con el trabajo tiene mucho que ver con el salario recibido por realizarlo. Este hecho básico no ha cambiado en toda la historia de la humanidad, y el *Cantar de Mio Cid* deja patente la importancia que el Cid Campeador daba al salario que, en forma de generosísimo botín, recibían sus huestes por luchar duramente a su lado, contribuyendo con su esfuerzo al éxito de sus campañas de guerra, a su fama y enriquecimiento. No hay que olvidar que ese era el trabajo del Cid y de sus hombres, su profesión, la actividad que les permitía ganarse la vida –y con frecuencia la muerte–, sirviendo a unos y a otros en la conquista de territorios. Por tanto, como en cualquier otro oficio, el salario era uno de los motivos principales para dedicarse a ello. Pero ya hemos dicho que en el *Cantar* el Cid era descrito como un líder clarividente y justo, y como tal sabía muy bien que aunque la recompensa económica era esencial para lograr la satisfacción de sus caballeros, no era suficiente por sí sola para conseguir su implicación en el proyecto, su entrega incondicional y su total fidelización, fundamentales para alcanzar los niveles más altos de éxito y productividad en sus hombres. De hecho, en muchas ocasiones los caballeros del Cid se sienten tan motivados por causas completamente ajenas al salario que no solo rechazan las recompensas económicas que se les ofrecen, sino que ponen sus patrimonios e incluso sus vidas a disposición del Campeador para lo que sea necesario. Este nivel de implicación, en el que incluso algo tan básico como lo económico queda relegado a un segundo plano, solo se logra cuando entran en juego otras recompensas que nada tienen que ver con lo material y sí están completamente relacionadas con la satisfacción emocional.

> **66 —Ilustre Campeador, mucho os lo agradezco. De esta quinta que me ofrecéis, hasta el castellano Alfonso quedaría bien pagado. Pero yo os lo devuelvo. Cuando haya ganado algo que valga la pena, aceptaré mi parte 99**

Como buen líder, el Cid confía en sus hombres, y se lo demuestra en toda ocasión posible. Les ayuda siempre que lo necesitan, tanto en la batalla como fuera de ella, les escucha con atención, puesto que valora enormemente su talento, los respeta y admira por su coraje, su lealtad y su entrega, potencia sus diversas cualidades y les da ocasión de demostrarlas públicamente. Les hace sentir que forman parte de algo importante, de un destino común cuyo objetivo los enaltece, les proporciona toda la información que necesitan, les permite tomar decisiones, reforzando así la idea de que les considera importantes, delega en ellos sin un atisbo de duda, demostrando siempre su confianza en su capacidad para realizar bien los trabajos, los promociona, reconoce su valía públicamente, alaba sus progresos y agradece con sinceridad el trabajo bien hecho. Y además de todo esto, reparte generosamente con ellos las ganancias obtenidas en campaña. En un entorno profesional así, ¿quién cambiaría de trabajo? Y por eso los hombres del Cid estaban completamente entregados a él y a su empresa. No había rotación; muy al contrario, cada día se sumaban nuevos voluntarios a su ejército atraídos por su fama de hombre justo y generoso, por la gloria que podían alcanzar con él y por el orgullo de pertenecer a una organización triunfadora que les ofrecía un gran objetivo por el que luchar. Estas eran entonces las verdaderas recompensas, y lo siguen siendo en nuestros días, porque, como ya hemos visto, las necesidades emocionales básicas de las personas no han cambiado nada en milenios y el reconocimiento y el agradecimiento por un trabajo bien hecho continúan siendo las recompensas que más nos gusta recibir.

> **"*Mil años viváis, Álvar Fáñez;*
> *valéis mucho más que nosotros.*
> *¡Así se cumplen los encargos!*"**

Lo interesante de las recompensas es que funcionan en dos direcciones. Por un lado, el colaborador queda satisfecho y altamente incentivado para trabajar a favor de los objetivos establecidos. Por otro, la organización y el líder o emprendedor recogen los frutos de esta satisfacción en forma de retención de talento, productividad, rentabilidad y resultados, lo que es desde luego una enorme recompensa desde todos los puntos de vista. Según la Asociación Americana de Gestión, reemplazar a un empleado con talento puede costarle a la empresa el doscientos por cien de su salario anual, y eso sin hablar de las pérdidas que se derivan de no contar –durante el precioso tiempo que se tarde en sustituirlo– con su capacidad y su experiencia en el entorno laboral.

También está demostrado que los beneficios de las empresas aumentan notablemente cuando se valoran las opiniones de los empleados y se establece una conexión clara entre su trabajo y el objetivo de la empresa. Por tanto, recompensar adecuadamente a empleados cuyo talento es altamente valioso es una de las decisiones más rentables que puede tomar una organización.

Pero, ¿qué significa hoy en día recompensar adecuadamente? Pues exactamente lo mismo que hace mil años: encontrar un equilibrio entre las recompensas emocionales y las recompensas materiales, y adaptarlo a las preferencias particulares de cada persona y a las necesidades sociales y de mercado que van surgiendo a cada momento de la vida profesional, lo que nos lleva a explorar un concepto muy interesante y de plena actualidad: el Modelo de Recompensa Total.

El Modelo de Recompensa Total

El concepto de recompensa total no es nada nuevo. Ya en los años 90 del siglo XX comenzó a valorarse como una forma muy interesante y novedosa de motivar a los empleados de las organizaciones con incentivos que iban más allá de lo material y tenían muy en cuenta también lo emocional. El objetivo era atraer el talento y fidelizarlo para evitar perderlo, una necesidad que se iba haciendo cada vez más estratégica para las empresas, ya que el mundo organizacional empezaba a cambiar de manera vertiginosa. Diversos estudios demostraban, y demuestran, que una retribución o recompensa material no era suficiente, ya que siempre podía ser superada por la competencia. Por tanto, en los departamentos de RRHH de las empresas se empezó a analizar qué era lo que de verdad buscaban las personas para sentirse motivadas y orgullosas de pertenecer a una organización.

A partir de ahí se comprendió la necesidad de equilibrar las recompensas materiales y las emocionales, dando origen a los conceptos de salario material y salario emocional, dos formas de remuneración que es necesario considerar y saber combinar adecuadamente para que las personas que forman parte de una organización se sientan felices de trabajar en ella y la propia organización mejore su rentabilidad, productividad y resultados positivos. Todo esto es lo que conforma el Modelo de Recompensa Total, que se aplica ya en la mayoría de las organizaciones de forma bastante flexible, adaptándolo a la cultura de cada compañía, al entorno económico, legal y regulatorio, al mercado y a la competencia, y evidentemente a la necesidades y preferencias de cada empleado. Por eso un líder eficaz debe tener una gran capacidad de comprensión de las motivaciones humanas, conocer bien a sus colaboradores y reflexionar en profundidad sobre los posibles sistemas de recompensa que tiene a su alcance para cada uno de ellos.

> **"*–¡Gracias, gracias, mi rey y señor natural!*
> *Esto concedéis por ahora; mañana concederéis*
> *algo más, y para ello pondremos nosotros*
> *de nuestra parte todo lo que podamos.*
> *Dijo el rey:*
> *–No se hable más de esto, Minaya, sino id*
> *con toda libertad por Castilla y reuníos al Cid*
> *sin temor de que se os moleste"***

El *Cantar* muestra de manera clara que el Cid utilizaba con gran éxito el Modelo de Recompensa Total. Entonces ni siquiera esa idea existía, por supuesto, pero al final, por pura intuición y sentido común, se trataba de lo mismo: de contar con los mejores, de retenerlos para evitar que se fueran a luchar con otros, de fidelizarlos, de hacerles sentir orgullosos de ser parte del proyecto y de pagarles generosamente, es decir, de combinar el salario o recompensa material con el salario o recompensa emocional. Para cualquier empresa es algo muy estratégico, ya que debe equilibrar eficazmente los costes de los salarios materiales con la gestión del talento humano de la organización. Hoy en día existen muchos elementos para diseñar ambos tipos de recompensa. Aquí explicaremos algunas modalidades:

1. **Salario o recompensa material**
   En el terreno material es necesario que el empleado sienta que su paquete salarial es adecuado y tiene en cuenta sus preferencias, tanto si comprende exclusivamente el sueldo como si incluye otro tipo de retribuciones materiales o beneficios. Si en momentos concretos se quiere

premiar un buen trabajo con otro tipo de recompensas materiales para que cumplan una función altamente motivadora será necesario estudiar las circunstancias de cada empleado. Por ejemplo, recompensar con un viaje a alguien que viaja constantemente por motivos de trabajo, y por tanto pasa poco tiempo con su familia, no será lo más eficaz. Sin embargo, ofrecerle unos días de vacaciones para que los disfrute tranquilamente con los que más quiere puede aumentar enormemente su nivel de satisfacción con la empresa para la que trabaja. Por tanto lo más recomendable para que una recompensa material cumpla su objetivo motivador y de rentabilidad para la empresa será ajustarla en la medida de lo posible a las circunstancias de la persona o personas a las que vamos a premiar. Para ello existen múltiples elementos configuradores de un paquete salarial, como por ejemplo:

- La retribución fija, que es la retribución monetaria y pactada que se recibe por realizar una función concreta.

- La retribución variable, que se establece en base a los resultados obtenidos, y que puede comprender tanto una retribución relacionada con indicadores determinados, tales como ventas, facturación, productividad, etc., como una retribución a más largo plazo vinculada a objetivos, aumento del valor de la organización, cumplimiento de planes estratégicos, etc.

- La retribución flexible, que es un tipo de retribución económica que no tiene que ver con el dinero, sino con servicios o bienes recibidos. Es lo que se ha llamado siempre «retribución en especie». Puede incluir beneficios tan diversos como cheque-restaurante, comedor, guardería, seguro médico, seguro de vida, planes de pensiones, vacaciones pagadas, colegios o vivienda, gimnasio, etc.

La combinación de estos tres tipos de retribuciones da origen al salario material que las empresas ofrecen a su fuerza laboral, modificándose según las funciones, acuerdos, convenios sindicales, etc., que apliquen en cada caso.

2. **Salario o recompensa emocional**

Podríamos decir que el salario emocional es la recompensa no económica que logra vincular emocionalmente a una o varias personas con una organización, equipo o líder. Es mucho más poderosa y rentable que la recompensa material, impulsa el compromiso, mejora el desempeño, atrae el talento y evita su pérdida o fuga, entre otros muchos beneficios. En el terreno emocional, la estrategia empleada por el Cid Campeador nos da muchas pistas sobre el camino a seguir. Conseguir ese espíritu de equipo y esa implicación personal capaz de llevar a cualquier empresa a lograr sus objetivos, y contar con empleados altamente motivados comienza con la utilización consistente del binomio reconocimiento-agradecimiento. Reconocer públicamente el trabajo bien hecho y recompensarlo con una muestra de agradecimiento garantiza empleados satisfechos que mejorarán sus resultados. Y esa muestra de agradecimiento puede materializarse de muchas maneras muy sencillas y prácticamente sin coste económico para la empresa: con un apretón de manos sincero, con una nota o carta en la que se alabe y agradezca la actuación del empleado, con una felicitación pública en una reunión o a través de un *email*, con una invitación a comer, etc. Cualquier detalle que signifique un reconocimiento por un buen trabajo tiene un efecto motivador y de recompensa inmediato, y crea una vinculación con la empresa mucho mayor que la lograda exclusivamente con recompensas económicas. Diversos estudios demuestran que el dinero no es la recompensa que más motiva a las personas. Un reconocimiento sincero es mucho más motivador y consigue resultados espectaculares, ya que, en general, los buenos profesionales saben que la diferencia entre un buen trabajo y un excelente trabajo es un poco más de esfuerzo. Y sintiéndose valorados estarán dispuestos a entregar esa dosis extra de esfuerzo en cada proyecto a una organización en la que creen porque los respeta, valora y recompensa adecuadamente.

Además, cuando esta energía derivada de la satisfacción de las personas se moviliza y la organización a la que pertenecen llega mucho más alto, se produce también el orgullo de compañía, el orgullo de pertenecer a una organización referente en su sector y en el mundo empresarial y que genera admiración por los que trabajan en ella e incluso deseos de trabajar allí. Y esta sensación es también muy poderosa e influye en la composición del salario emocional de los empleados.

Hoy en día, el cambio de paradigma económico, laboral y social que el mundo ha experimentado ha generado que los patrones de empleo clásicos ya no sean eficaces y que sea necesario aplicar nuevas perspectivas para satisfacer las necesidades de los empleados. Por ejemplo, los *millenials* demandan una clara conciliación entre lo profesional y lo personal, ya sea de forma presencial o teletrabajando. Y esto es una realidad que está condicionando el que el talento se mantenga o no en las empresas empleadoras. Cada vez se da más importancia a aspectos como el reconocimiento, la autonomía, el tiempo de ocio, la flexibilidad laboral y las posibilidades de conciliación, quedando la pura remuneración económica en un segundo plano.

Los elementos que conforman la recompensa emocional son muy variados, de modo que cualquier organización tiene innumerables opciones para configurar un salario emocional capaz de fidelizar a sus mejores empleados. Por ejemplo:

- Organización del tiempo: horarios flexibles, teletrabajo, posibilidad de jornadas laborales reducidas, conciliación, viernes por la tarde libres, flexibilidad en la elección de vacaciones, día de cumpleaños libre, etc.
- Desarrollo de carrera y formación: planes de carrera, procesos de *coaching*, mentorización y desarrollo profesional, actualización permanente de conocimientos, idiomas, etc.
- Entorno laboral: instalaciones adecuadas, luminosas, saludables y estéticamente agradables, espacios de distracción y relajación, cafetería, guardería, *parking*, etc.
- Clima laboral: líderes formados adecuadamente para gestionar equipos y personas, cultura de agradecimiento y reconocimiento por el trabajo bien hecho y el esfuerzo, estilo de dirección y gestión basado en las competencias del *líder-coach*, iniciativas de fomento del buen ambiente laboral entre personas y en el equipo, acciones de *team-building*, impulso de la autonomía en los empleados, etc.
- Otros beneficios emocionales: acciones de voluntariado corporativo, iniciativas para promover la igualdad y la diversidad, imagen de marca y reputación de la empresa, marca personal de los líderes, aceptación del *Casual Friday* y formas de vestir más relajadas, etc.

El contrato psicológico

Contemplar estos elementos, en la forma y combinación más adecuada para cada empresa, conforma la estrategia de salario emocional de las organizaciones, que es el mayor impulsor del compromiso y la fidelización de los empleados, y una de las estrategias de retención de talento más eficaces a largo plazo, siempre que se lleve a cabo con coherencia y amplitud de miras. No sirve de nada contar con un maravilloso entorno laboral si luego no se da reconocimiento a los logros de los equipos. O permitir una vestimenta relajada en el trabajo presencial si después se fomentan jornadas laborales de catorce horas diarias. Cuando eso ocurre, entra en juego la ruptura del llamado «contrato psicológico», concepto surgido a finales del siglo XX, cuando las empresas comenzaron a comprender que la mejora de sus resultados estaba íntimamente ligada a la satisfacción de sus empleados.

El contrato psicológico no se refleja en ningún documento, no se firma, ni siquiera existe, pero tiene mayor influencia que el propio contrato laboral porque regula las expectativas que el empleado tiene sobre la empresa y viceversa. Es algo mental y emocional que tiene que ver con tres aspectos totalmente ligados al salario emocional: el compromiso afectivo, es decir, el que liga afectivamente a la empresa y al empleado; el compromiso de continuación, que se deriva de la expectativa que se crea al invertir tiempo y esfuerzo mutuo; y por último, el compromiso de gratitud, que es el que en general sienten las personas cuando la empresa mejora sus condiciones laborales o reconoce, agradece o premia su desempeño. Si todo esto se da, el contrato psicológico se mantiene. Si no se rompe más pronto o más tarde, empleado o empresa decidirán prescindir de la otra parte.

Finalmente, más allá de la teoría, es interesante reflexionar sobre hechos reales y demostrados. Por ejemplo, según la revista Fortune, las 100 compañías más exitosas de su ránking son aquellas en las que sus trabajadores se sienten parte de la organización y saben que cuentan con la confianza de sus superiores, tal y como ocurría con las huestes del Cid. Y es precisamente en esas compañías donde la rotación se ha reducido a la mitad y las solicitudes de empleo han aumentado hasta el doble, compañías que, por tanto, disfrutan de una mayor cuota de talento.

> **" Enriquecidos están los que desterraron con él: a todos les dio ese buen Campeador casas y heredades en Valencia, de que están satisfechos. Ahora ven cuán grande es la generosidad del Cid. También están ya pagados los que se le juntaron después "**

EJERCICIO

Hay muchos tipos de retribuciones que pueden componer un salario atractivo. No hablamos solo de dinero, coche de compañía, gasolina, etc., sino de opciones más creativas que también pueden ser muy valoradas por tus equipos.

Es posible que el día a día no te haya dejado suficiente tiempo como para pensar sobre ello más profundamente. Quizá este sea un buen momento.

Si quieres, puedes anotar lo que se te vaya ocurriendo como respuesta a las siguientes tres preguntas:

- ¿Qué otros tipos de retribuciones materiales podrían resultar atractivas para mis empleados, equipos o colaboradores?

- ¿Estoy utilizando todos los recursos con los que cuento para impulsar las recompensas emocionales que tienen que ver con el agradecimiento y el reconocimiento?

- ¿Qué más podría hacer?

Te sugiero que seas creativo y busques nuevas perspectivas para responder a estas preguntas. Puede que te ayude también pensar en algunos empleados concretos: qué les gustaría, qué agradecerían, qué les motivaría. De esta forma podrás tener una mirada más amplia sobre las opciones posibles.

EL CID Y ALGUNOS DE LOS ACTUALES MODELOS DE LIDERAZGO

> **Son fuerzas del Campeador que vienen
> a encontrarnos. A su cabeza viene
> Pedro Bermúdez, y también Muño Gustioz,
> vuestros amigos sin falsía, y ese Martín
> Antolínez natural de Burgos, y el obispo
> don Jerónimo, el leal clérigo, y en fin,
> el alcaide Abengalbón, que trae consigo
> a los suyos, por amor al Cid y porque se empeña
> en honrarlo**

Al escribir este libro podía haber simplemente confiado en mi instinto, en mi experiencia como líder, en mi trayectoria profesional o en mi formación académica. Y lo hice. Pero además, durante un tiempo quise revisar los modelos y teorías de liderazgo del siglo XX y del siglo XXI para confirmar que en efecto el Cid cumple los parámetros del liderazgo inspirador y que su comportamiento, según se muestra en el *Cantar*, encaja con sus preceptos. Con ese objetivo en mente he seleccionado los siguientes tres modelos:

1. Liderazgo auténtico
2. Liderazgo situacional
3. Liderazgo del círculo de oro

Los tres me parecen los más interesantes y útiles para las organizaciones. A continuación vamos a profundizar en ellos y descubrir todos aquellos comportamientos que tienen en común estos modelos de liderazgo con el que dejó para la posteridad Ruy Díaz de Vivar, el Cid Campeador.

1. Liderazgo auténtico

> **" Voló la noticia de pueblo en pueblo.**
> **Mucho pesa a los de Monzón y a los de Huesca;**
> **en cambio, los de Zaragoza aceptan**
> **sin desagrado el tributo, pues saben que**
> **del Cid no deben temer el menor ultraje"**

Este modelo de liderazgo fue creado en los albores del siglo XXI por Bill George, profesor de la *Harvard Business School*, quien en el año 2003 publicó el libro *Authentic Leadership: Rediscovering the Secrets to Creating Lasting Value*. En él, el profesor George explica el concepto de liderazgo auténtico y detalla las claves más importantes para ser un líder auténtico.

La idea básica es que este tipo de liderazgo es el que ejercen los líderes honestos, aquellos en quienes se puede confiar. Dada la amplitud de este concepto y las infinitas posibilidades de interpretación, este modelo de liderazgo centra la idea proporcionando las características concretas del líder auténtico:

- Tiene clara su misión
- Demuestra pasión por sus objetivos
- Cuenta con autodisciplina y actúa según sus sólidos valores
- Lidera con cabeza y corazón
- Desea servir a los demás y siempre está dispuesto a ayudar
- Establece relaciones cercanas con sus colaboradores
- Practica el autoconocimiento y el autoliderazgo

Revisando estas características y comparándolas con la actitud del Cid, podemos ver que todas y cada una de ellas están en la figura de Ruy Díaz de Vivar:

- El Cid tiene clarísima su misión desde el principio: limpiar su nombre, demostrar su valor e inteligencia y poder volver a Castilla con su honor intacto.
- La pasión que le impulsa a conseguir sus objetivos está presente a lo largo de toda su gesta y de todo el *Cantar*.
- Todo lo hace con una enorme autodisciplina, que también exige a sus guerreros, y con unos valores a los que nunca renuncia.
- Lidera con la cabeza, siendo un gran estratega, como demuestran muchas de sus decisiones y alianzas, pero también con el corazón, siendo a veces magnánimo, aunque también implacable.
- Desea servir a los demás, concretamente a sus hombres, a su familia, a la Iglesia, a Dios, a Alfonso VI, (a quien nunca dejó de considerar su rey), y también a los nobles y señores para los que trabaja durante su destierro.

- Mantiene excelentes relaciones con sus colaboradores, especialmente con aquellos de están más cerca de él, como Minaya Álvar Fáñez o Pedro Bermúdez, a quienes encomienda las misiones más delicadas, pero también con todos los hombres de su hueste y con sus aliados.

- Y por último, practica el autoconocimiento y el autoliderazgo, es decir, sabe cuáles son sus fortalezas y cuáles sus áreas de mejora. Pide ayuda a sus hombres de confianza cuando cree que harán algo mejor que él. También se autogestiona, sabe liderarse a sí mismo, no se deja llevar por el ímpetu de sus deseos más profundos, tiene la paciencia y la sabiduría para actuar según el momento lo requiera.

  Dice el Consejo Asesor de la *Stanford Graduate School* que la capacidad más importante que los líderes deben desarrollar es el conocimiento de sí mismos, sabia afirmación que como vimos anteriormente nos viene ya desde la antigua Grecia, varios siglos antes de la existencia del Cid, cuando en el Templo de Apolo, en Delfos, se podía leer: «Conócete a ti mismo».

Y aún existen más coincidencias entre los líderes auténticos y el Cid Campeador. Cuando el libro de Bill George se convirtió en un éxito, muchos de sus lectores, la gran mayoría directivos y CEO's, le preguntaban cómo podían convertirse en líderes auténticos. La pregunta recurrente hizo reflexionar al profesor George y finalmente decidió poner en marcha a su equipo para llevar a cabo el estudio sobre desarrollo de liderazgo más importante realizado hasta aquel momento. Para ello entrevistaron a 125 líderes de diversas empresas, sectores y mercados. Ese estudio les permitió descubrir aspectos muy interesantes del liderazgo, y concretamente tres cosas sobre el liderazgo auténtico muy relacionadas entre sí:

- Nadie puede ser auténtico tratando de imitar a otro
- Se puede aprender de las experiencias de los demás, pero no habrá éxito si se intenta ser como ellos
- Las personas confían en nosotros cuando somos originales y auténticos, no una réplica de alguien más

Llegar a ser líderes auténticos requiere comprometernos con el conocimiento de nosotros mismos y con nuestro crecimiento como personas y como líderes. Lo más inteligente es encontrar nuestro potencial y aprender a desarrollarlo. Es el último nivel de la Pirámide de Maslow, y a él solo se puede acceder a través de la autorreflexión constante, que nos conducirá hacia el autoconocimiento y desde ahí hasta la capacidad de autoliderarnos para ser líderes auténticos.

Alcanzar el éxito en este camino depende también de seguir algunas recomendaciones que ofrece Bill George, obtenidas de su estudio, su reflexión y su experiencia:

- Aprende de lo que te dice tu propia historia de vida, de tus experiencias
- Reflexiona sobre tu auténtico ser, sobre la persona que eres
- Encuentra tus valores y principios, y sé coherente con ellos
- Halla la manera de equilibrar tus motivaciones extrínsecas (que provienen de fuera) e intrínsecas (que provienen de uno mismo)
- Ten un equipo en el que te puedas apoyar
- Desarrolla a tu equipo para el liderazgo. Una organización exitosa tiene líderes capaces en todos los niveles

Como dice Kevin Sharer, reputado directivo que fue también asistente de Jack Welch en sus años de máxima pujanza, el liderazgo tiene muchas voces. Cada líder debe encontrar la suya. Tenemos que ser quienes somos, no tratar de emular a otras personas. El Cid así lo hizo. Por eso su figura es única; es un líder absolutamente auténtico, no imita a nadie, no quiere ser como otros, solo necesita ser fiel a sí mismo. Los demás lo sabían, lo percibían, lo veían y lo sentían: sus mesnadas, sus enemigos, sus adversarios, los señores y nobles que contrataban, su rey, su familia, sus amigos. Esa autenticidad es la que le hizo ser admirado y creíble, generar confianza y ser digno de ella, mantener la coherencia con sus principios y valores, y conducirse y conducir a los demás a través de ellos. Por eso su leyenda ha llegado hasta nuestros días con toda la fuerza de sus gestas, de su vida, de su liderazgo auténtico.

> **"*El conde caminaba presurosamente y volvía la cabeza de tiempo en tiempo, temiendo que el Cid se arrepintiera, cosa que el prudente capitán no haría por todo el oro del mundo, pues en su vida cometió deslealtad ninguna*"**

EJERCICIO

El siguiente ejercicio fue desarrollado por Bill George y su equipo para avanzar hacia el liderazgo auténtico a través de la reflexión. Las respuestas a las siguientes preguntas te permitirán saber cosas de ti que te ayudarán a ser un líder auténtico.

- ¿Qué personas y experiencias tuvieron mayor impacto en tu niñez?

- ¿Qué recursos utilizas para conocerte a ti mismo?

- ¿Cuándo te dices «este es mi verdadero yo»?

- ¿Cuáles son tus valores más arraigados? ¿De dónde surgen? ¿Han cambiado significativamente desde que eras niño?

- ¿De qué manera tus valores determinan tus acciones?

- ¿Qué te motiva extrínsecamente? ¿Cuáles son tus motivaciones intrínsecas? ¿Cómo las equilibras?

- ¿Cómo puede tu equipo convertirte en un líder más auténtico? ¿Qué significa ser auténtico para ti?

- ¿Cómo debes diversificar tu equipo para ampliar su perspectiva?

- ¿Eres la misma persona en tu vida personal, laboral, familiar y social? En caso negativo ¿qué te lo impide?

- ¿Eres mejor líder cuando te comportas auténticamente?

- ¿Alguna vez has pagado un precio por tu autenticidad como líder? ¿Valió la pena?

- ¿Qué más puedes hacer para desarrollar tu liderazgo auténtico?

2. Liderazgo situacional

> **❝ *Habiendo hablado así comienzan a disponer la partida. El Cid le dio a Álvar Fáñez cien hombres para su servicio en el viaje. Y le encargó que llevara mil marcos de plata a san Pedro, y diera la mitad al abad don Sancho* ❞**

El liderazgo situacional, desarrollado por Ken Blanchard y Paul Hersey a finales del siglo XX, se basa en la idea de que un líder eficaz tiene que adaptar su estilo de liderazgo al nivel de desarrollo para cada tarea de las personas que gestiona. Esto significa que una misma persona puede desempeñar tareas diferentes con niveles de competencia también diferentes. Por ejemplo, alguien puede tener un alto nivel de desarrollo para diseñar un nuevo producto, pero contar con un nivel de desarrollo muy bajo para gestionar el presupuesto correspondiente. O ser altamente competente para generar una estrategia de marketing en el punto de venta, pero necesitar ayuda para crear una estrategia de marketing digital. Por tanto, el líder tiene que tener esto en cuenta a la hora gestionar a cada persona de la forma más adecuada en función de la tarea que pretenda delegar en ella.

Para determinar el nivel de desarrollo de los colaboradores, Blanchard y Hersey tuvieron en cuenta dos variables: la competencia y la motivación o compromiso. Al combinarlas surgen cuatro niveles de desarrollo diferentes en función de la tarea que se quiera asignar a los colaboradores:

- Desarrollo 1 (D1): competencia baja y motivación alta
- Desarrollo 2 (D2): competencia baja o media-baja y motivación baja
- Desarrollo 3 (D3): competencia alta o media-alta y motivación baja
- Desarrollo 4 (D4): competencia alta y motivación alta

En este cuadro se resume de manera más clara:

D1	D2	D3	D4
Competencia baja	Competencia baja o media-baja	Competencia alta o media-alta	Competencia alta
Motivación alta	Motivación alta	Motivación alta	Motivación alta

EN DESARROLLO ——————————⟶ **DESARROLLADO**

Continuando con la lógica de este modelo, el líder situacional debe utilizar cuatro estilos de liderazgo diferentes, en función de en cuál de esos cuatro niveles de desarrollo se encuentren sus colaboradores en cada tarea que desee asignarles. Para ello debe adaptar su liderazgo combinando dos variables: el comportamiento directivo y el comportamiento de apoyo. Y servirse de cuatro estilos de liderazgo distintos, uno para cada situación de desarrollo, que transmite a través de su comunicación con las personas a las que gestiona:

- Estilo 1 (E1): directivo
- Estilo 2 (E2): entrenamiento
- Estilo 3 (E3): apoyo
- Estilo 4 (E4): delegación

Por ejemplo, si un líder quiere asignar un trabajo concreto a una persona –o equipo– cuya competencia para esa tarea es baja, pero tiene mucha motivación para hacerla (situación 1), entonces el estilo de liderazgo que tiene que ejercer exige una actitud más directiva, con mayor control. Esto se traduce primero en que el líder tiene que pensar en cómo esa persona o equipo puede adquirir las habilidades necesarias para realizar la tarea –una de las formas más sencillas para conseguirlo es simplemente explicar lo necesario para llevar a cabo con éxito lo que pedimos– y después ir revisando permanentemente el desempeño hasta la finalización de la misma.

En la situación 2, la conducta del líder varía, ya que se encuentra ante una persona o equipo que ya tiene algo más de competencia; sin embargo, por las razones que sean, su motivación ha decaído. En este caso, el entrenamiento, el acompañamiento y el apoyo son esenciales para impulsar de nuevo la motivación y continuar desarrollando sus habilidades. Se trata de un comportamiento de alto apoyo y también muy directivo. El líder les proporciona la ayuda y formación necesarias para que puedan incrementar su nivel de competencia para esa tarea en concreto y lleva a cabo un control intermitente para asegurar el éxito del encargo. Además, para elevar la motivación, reconoce cada avance y agradece el esfuerzo, es decir, proporciona refuerzo positivo.

Cuando el líder se encuentra ante el escenario de encargar una tarea concreta a una persona o equipo cuya competencia es alta pero cuya motivación no lo es tanto (situación 3), debe ofrecer mucho apoyo, pero con una actitud poco directiva, de menor control. Esto se debe a que en esta situación el objetivo principal es aumentar la motivación, dado que la competencia ya es alta. Y cuando un líder tiene un comportamiento directivo con personas o equipos que ya tienen suficiente competencia para desarrollar por sí mismos una tarea concreta, el resultado obtenido es el contrario: se desmotivan más. Por ello en esta situación el líder debe tener una actitud poco directiva, con apenas control, pero ofrecer un apoyo muy alto, fomentando la participación, escuchando propuestas, dando responsabilidad y autonomía, reconociendo y valorando cada avance y agradeciendo el esfuerzo.

En el caso de la situación 4, en la que tanto la competencia como la motivación son altas para una tarea en particular, el líder delega. No necesita ser directivo en absoluto, porque la persona o el equipo en quien delega probablemente incluso sea más competente que él mismo en esa tarea, y su nivel de motivación es tan alto para llevarla a cabo que tampoco necesitan el apoyo emocional del líder. Lo único que requiere el líder es ser informado de la realización de la misma y del resultado, y posteriormente reconocer y agradecer el trabajo bien hecho, el esfuerzo y el compromiso, de modo que el alto nivel de motivación se mantenga.

En el gráfico siguiente, extraído del modelo de liderazgo de Ken Blanchard y Paul Hersey, podemos verlo de forma más esquemática:

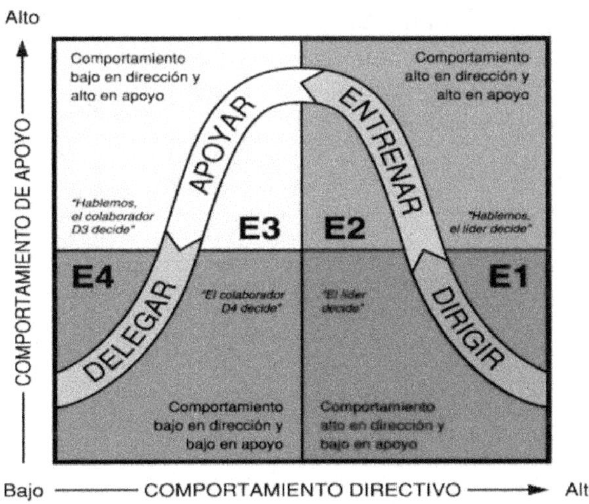

El liderazgo situacional es un modelo muy útil para el líder a lo largo de toda su vida profesional –y también personal; pensemos por ejemplo en nuestros hijos mientras crecen, cómo van desarrollando su competencia y motivación para distintas tareas–, dado que las personas a las que gestiona pueden pasar por diversos escenarios de compromiso y motivación durante su trayectoria profesional y personal, y además su nivel de capacitación para cada trabajo, tarea o encargo tampoco es siempre el mismo.

En el *Cantar de Mio Cid* también está presente el liderazgo situacional, aunque su anónimo autor ni siquiera imaginase este concepto cuando lo escribió. Pero la descripción de los comportamientos del Cid se ajusta al modelo de adaptación del tipo de liderazgo según la competencia y el compromiso o motivación de sus seguidores.

Por ejemplo, cuando el Cid necesita que alguien haga algo que requiere competencia alta y compromiso o motivación altos, delega en sus guerreros D4, según la tarea que quiera encomendarles: Minaya, Pedro Bermúdez, Martín Antolínez, Álvar Álvarez, Álvar Salvadórez, Muño Gustioz, Galindo García y Félix Muñoz. Muchas veces pone en sus manos con total confianza decisiones estratégicas para la batalla y él éxito de sus objetivos, escucha sus propuestas y las apoya. Y después reconoce y agradece su desempeño:

> **"** *—Si quisiéramos salir de noche, no nos*
> *dejarán. Sus fuerzas son grandes para que*
> *luchemos contra ellas. Decidme, pues,*
> *caballeros, lo que os parece mejor que hagamos.*
> *Habló primero Minaya, ilustre caballero:*
> *—Aquí hemos venido desde Castilla la gentil,*
> *y si no ha de ser luchando no ganaremos nunca*
> *el pan. Bien llegaremos a 600 y acaso más.*
> *En el nombre del Criador, que no se disponga*
> *otra cosa sino comenzar el ataque*
> *desde mañana.*
> *Y el Campeador:*
> *—Es muy de mi gusto cuanto habéis dicho,*
> *y con ello os habéis honrado, Minaya,*
> *que no podía esperarse menos de vos* **"**

También los aspectos personales relativos a su familia, los más delicados y que requieren de mayor competencia y compromiso, los delega en los hombres mejor capacitados y motivados para esas tareas:

> *Quien de buen mandadero se vale,*
> *buen mandado espere. Tú, Muño Gustioz,*
> *y tú también, Pedro Bermúdez, y el leal burgalés,*
> *Martín Antolínez, y el obispo don Jerónimo,*
> *sacerdote preclaro, cabalgad todos al punto con*
> *cien hombres armados por si se ofrece combate.*
> *Pasaréis por Albarracín hasta Molina [...].*
> *Y de allí os entraréis por Medinaceli lo más que*
> *sea posible, donde, según mis noticias, habéis*
> *de encontraros con mi mujer e hijas*
> *y Minaya Álvar Fáñez. Traédmelas acá con*
> *grandes honras. Yo esperaré en Valencia, que*
> *harto me ha costado ganarla y desampararla*
> *ahora fuera locura. Aquí esperaré yo,*
> *en esta Valencia, mi heredad*

Y cuando la situación y el nivel de desarrollo de su hueste para una tarea concreta lo exige, puede ser muy directivo, dejando claro lo que quiere y cómo lo quiere:

> **" *Vos, Pedro Bermúdez, tomad mi enseña:*
> *sois bueno y la guardaréis lealmente;*
> *pero no os adelantéis mientras*
> *no os lo mande [...].*
> *Quietas, mesnadas, de aquí no se mueva nadie.*
> *No salga uno solo de las filas mientras*
> *yo no lo ordene* "**

Probablemente ni Ken Blanchard ni Paul Hersey imaginaron nunca que el modelo de liderazgo que crearon hace décadas se atisbaba ya en las hazañas de Ruy Díaz de Vivar, el Cid Campeador, el mismo al que su compatriota Samuel Bronston dio dimensión cinematográfica internacional en su película protagonizada por Charlton Heston y Sofía Loren. Pero lo cierto es que leer El *Cantar* con la mirada de un directivo-líder no deja de sorprender una y otra vez por la riqueza de matices de liderazgo que se encuentran en ese hombre cuya leyenda con cada siglo se hace más grande, un guerrero que se ganaba la vida en el campo de batalla con la sabiduría y la autoridad de los verdaderos líderes.

TEST DE ESTILO DE LIDERAZGO SITUACIONAL
HERSEY/BLANCHARD

Selecciona una de las opciones presentadas para cada una de las doce situaciones que se plantean a continuación. La opción que elijas en cada situación debe ser la que tú harías, no la que te gustaría hacer. Tienes un máximo de 15 minutos.

Situación 1: Tienes un colaborador que hace caso omiso de tus indicaciones y de las acciones de apoyo que le has ofrecido. Su rendimiento decae. ¿Qué harías?

A. Darle indicaciones sobre lo que esperas de él y explicar cómo vas a controlar su desempeño

B. Tener una charla en privado para escuchar sus sugerencias sobre cómo realizar la tarea

C. Demostrarle la necesidad del cumplimiento de los objetivos dándole las razones para ello

D. Comunicarle los objetivos y dejarle que se desempeñe con total autonomía

Situación 2: Tienes un colaborador que está mejorando en su desempeño. Él es consciente de esto y ha comenzado a hacer sugerencias acertadas y valiosas. ¿Qué harías?

A. Escuchas sus ideas y te aseguras de que reciba toda la información necesaria para consolidar sus logros

B. Aumentas el control sobre sus tareas y le das más indicaciones que antes

C. No haces nada, le dejas actuar

D. Te reúnes con él para analizar su desempeño y le das *feedback*, fundamentando los aspectos positivos e importantes de la tarea

Situación 3: Acabas de ser nombrado supervisor. Has sido bien recibido por el grupo y las relaciones son buenas. Te has visto obligado a cambiar de puesto a casi todos tus colaboradores. Uno de ellos, muy eficaz en su desempeño anterior, es el más afectado por este cambio y ahora tiene que hacer tareas diferentes, aplicando un método de trabajo nuevo para él. ¿Qué harías?

A. Motivarle dándole razones para aplicar la nueva metodología. Facilitarle que la estudie, se familiarice con ella y decida cómo aplicarla

B. Discutir con él la conveniencia de aplicar la nueva metodología y pedir sus opiniones

C. Fijar los objetivos y poner al alcance del colaborador los recursos para que aprenda la nueva metodología y la aplique según su propio criterio

D. Reunirte con el colaborador y organizar el aprendizaje de la nueva metodología, informarle con claridad de lo que se espera de su aplicación y los objetivos a alcanzar. Acompañar al colaborador en las primeras aplicaciones de la metodología

Situación 4: Tienes un colaborador muy eficiente en tareas administrativas. Su trabajo es de toda confianza y seguridad. Se están valorando algunos pequeños cambios en la forma de llevar los aspectos administrativos. ¿Qué harías?

A. Le pides opinión y decides los cambios

B. Decides los cambios y se los comunicas

C. Lo involucras en el análisis de los cambios y delegas en él cómo implementar lo decidido

D. Le explicas las razones de los cambios que se ha decidido llevar a cabo

Situación 5: Uno de tus colaboradores ha obtenido grandes logros en una tarea que se le asignó recientemente. Tú has contribuido con indicaciones precisas a estos logros y has controlado la marcha de la tarea. Ahora este colaborador se siente seguro para realizar la tarea. ¿Qué harías?

A. Le das total autonomía en esta tarea

B. Le pides sugerencias sobre cómo mejorar la realización de la tarea

C. Te reúnes con él y analizáis los riesgos, beneficios y efectos de la tarea, acordando juntos cómo continuar la tarea en el futuro

D. Dados los buenos resultados obtenidos, continuarás con el mismo estilo de supervisión con él

Situación 6: Tienes un colaborador que realiza satisfactoriamente y de manera bastante autónoma sus tareas. Un recorte de recursos obliga a cambiar algunos de los métodos que está utilizando. ¿Qué harías?

A. Tomas las decisiones necesarias y hablas con él para explicárselas y argumentárselas

B. Le informas de la necesidad de hacer cambios y delegas en él la tarea

C. Decides los cambios y se los comunicas

D. Decidís juntos los cambios a realizar habiendo establecido los objetivos

Situación 7: Se han incorporado nuevas actividades que van a modificar la forma en la que trabajan tus colaboradores. Son muy trabajadores y siempre han demostrado una actitud de involucración, pero no están bien informados de lo que representan estos cambios. ¿Qué harías?

A. Informarles de la necesidad de efectuar cambios y dejar que el grupo los implemente

B. Explicarles las razones por las que deberán hacerse los cambios y fijar los objetivos. Durante la reunión entregarás toda la información necesaria para que comprendan la situación

C. Reunirles y pedirles opinión respecto a los cambios a realizar. Después decides los cambios y se los comunicas. Supervisarás cuidadosamente cómo se implementan

D. Te reúnes con todos y les explicas en detalle los pasos a seguir

Situación 8: Vas a implementar algunos cambios de procedimiento. El equipo al que afectan conoce la situación, es solvente y autónomo, y ha demostrado flexibilidad en situaciones parecidas. ¿Qué harías?

A. Darles información y delegar en ellos la implementación

B. Decidir y comunicar tus decisiones al equipo, con argumentos

C. Decidir y comunicarlas individualmente, supervisando cuidadosamente su cumplimiento

D. Reunirlos, plantear la situación y pedir sugerencias para luego tomar tú la decisión

Situación 9: El equipo que gestionas ha manejado con autonomía y solvencia sus responsabilidades, pero ahora está un poco incómodo con las últimas propuestas del Comité, en las que ven ciertas dificultades. Deben hacer un estudio para una importante redistribución de tareas y sabes que están un poco inquietos por ello. ¿Qué harías?

A. Te haces cargo del estudio

B. Defines con precisión los objetivos y dejas que trabajen autónomamente, como siempre

C. Te reúnes con ellos para encontrar la mejor forma de plantear el estudio, motivándoles para que aporten ideas

D. Te reúnes con ellos y les explicas la importancia de hacer este estudio correctamente. Supervisas la marcha del estudio muy cuidadosamente

Situación 10: La situación anterior no va bien. Se acerca el plazo de la redistribución de tareas y el equipo está desorientado. El director general se ha enterado y te está presionando porque quiere resultados positivos. ¿Qué harías?

A. Te reúnes con el equipo y les explicas la importancia de hacerlo correctamente. Los supervisas con todo cuidado

B. Defines con precisión los objetivos y dejas que trabajen autónomamente, como siempre

C. Te reúnes con ellos para encontrar la mejor forma de plantear el estudio, motivándolos para que aporten ideas

D. Te haces cargo de dirigir el estudio

Situación 11: Tras los recientes cambios hay un departamento que casi no se ha visto afectado. El equipo es eficiente y ha respondido con seguridad a los pocos cambios que tuvieron que incorporar. ¿Qué harías?

A. Informar de que ante futuras reorganizaciones será necesario gestionar al equipo con instrucciones más precisas y controlar cuidadosamente su desempeño

B. No haces nada. Sigues con tu conducta habitual

C. Reúnes al equipo y argumentas la necesidad de aumentar el control sobre las tareas

D. Reúnes al equipo para valorar y recibir sugerencias sobre cómo actuar en esta situación

Situación 12: El equipo ha venido reduciendo su desempeño como consecuencia de la disminución de recursos disponibles. Es un equipo dinámico que hace aportaciones y sugerencias. La situación actual no es crítica, ni extrema. ¿Qué harías?

A. Reunir al equipo y pedirle sugerencias

B. Reunirlos y describir la situación y lo que se espera que suceda en un futuro próximo. Repasar con ellos los objetivos y aumentar el control sobre las tareas

C. No haces nada. El equipo es bueno y reaccionará

D. Incrementas el control sobre las tareas, redefines los objetivos y plazos

CÓMO AVERIGUAR TUS PREFERENCIAS DE ESTILO DE LIDERAZGO SITUACIONAL

En el cuadro a continuación, rodea con un círculo la letra que has elegido para cada situación. Suma el número total de círculos de cada columna y pon los totales en los cuadros libres al pie de cada columna.

SITUACIONES				
1.	A	C	B	D
2.	B	D	C	A
3.	D	A	B	C
4.	B	D	A	C
5.	D	C	B	A
6.	C	A	D	B
7.	D	B	C	A
8.	C	B	D	A
9.	A	D	C	B
10.	D	A	C	B
11.	A	C	D	B
12.	D	B	A	C

Estilos	S1	S2	S3	S4
Total de letras elegidas				

El resultado indica tus preferencias de estilo de liderazgo, de mayor a menor:

Estilo 1: Dirigir - Estilo 2: Entrenar - Estilo 3: Apoyar - Estilo 4: Delegar

3. Liderazgo del círculo de oro

> **" *Martín Antolínez, caballero de valiente lanza, si Dios me concede vida os he de doblar el sueldo: he gastado todo el oro y la plata, bien veis que nada traigo conmigo y buena falta me haría para todos los que me siguen. Me lo he de procurar, ya que de voluntad no me lo han de dar. Con vuestro consejo quiero que construyamos dos arcas y las llenemos de arena, de manera que pesen mucho, y sean forradas de cuero labrado y bien claveteadas. Sea bermejo el cuero, dorados los clavos. Id después prontamente a buscarme a Raquel y a Vidas* "**

Basado principalmente en la comunicación, este modelo de liderazgo surge de la certeza de que las personas no siguen al líder por lo que hace, sino por el motivo por el que lo hace. Se trata de que las personas compartan la visión del líder, y crean en lo que él cree y sabe transmitir de manera eficaz.

Ya hemos dicho anteriormente que es imposible no comunicar y que todo lo que hacemos es comunicación. Esto es algo que en general no se toma suficientemente en serio. Las personas suelen pensar que hablar es lo mismo que comunicar y creen que como sabemos hablar sabemos comunicar. Es un error muy común, también en el entorno del liderazgo, del emprendimiento y de las organizaciones, que constantemente provoca malentendidos, frustraciones, desmotivaciones, emociones negativas y fracasos. La comunicación requiere conocimientos, habilidades, comprender lo que la conforma, y saber utilizarla. No solo para relacionarnos, también para tener éxito personal y empresarial.

El creador del modelo de liderazgo del círculo de oro, Simón Sinek, actualmente profesor de comunicación estratégica en la Universidad de Columbia y autor de cuatro *best-sellers* sobre cómo la comunicación influye en el liderazgo, lo expresa muy bien con la siguiente frase: «El liderazgo requiere de dos cosas: la visión de un mundo que aún no existe y la habilidad de comunicarlo». Porque por mucho que un líder tenga claro su objetivo, su estrategia, su visión y su camino, si no es capaz de comunicarlos con éxito, no podrá inspirar a los demás para que tomen la decisión de acompañarle. Y por ello probablemente nunca podrá ver cómo se hace realidad esa visión. Lo mismo sucede con las organizaciones: si no saben comunicar eficazmente sus estrategias, sus productos, sus servicios, sus proyectos, sus políticas, sus decisiones, etc. es muy probable que estén condenadas al fracaso.

Con estas reflexiones en la cabeza, el profesor Sinek comenzó a investigar lo que hace que las personas, empresas y marcas exitosas lo sean. Y para ello se concentró en casos concretos de compañías, como Apple, o de líderes, como Martin Luther King, entre otros muchos. De todos ellos estudió lo que hicieron, cómo lo hicieron y por qué lo hicieron. Y también analizó lo que hizo su competencia, empresas y líderes que fueron contemporáneos suyos y que tuvieron los mismos objetivos y visiones —e incluso mayores recursos económicos y de otros tipos—, pero que no llegaron a alcanzarlos o que las alcanzaron pero nadie lo recuerda. Es la diferencia entre ser el primero o el segundo. Todo el mundo sabe quién fue el primer hombre en poner el pie en la luna, pero casi nadie recuerda al segundo.

Para crear el modelo de liderazgo del círculo de oro, Simón Sinek llegó a varias conclusiones. La primera la obtuvo analizando la comunicación de las empresas y los líderes en general. Se dio cuenta de que en la mayoría de los casos todos siguen el mismo patrón cuando quieren comunicar algo. Primero casi todos explican qué hacen. Luego, un número mas reducido explica cómo lo hace. Y finalmente, solo algunos dicen por qué lo hacen. Y esto ocurre porque en realidad muy pocas empresas y muy pocos líderes tienen claro por qué están haciendo lo que hacen, cuál es su propósito, para qué existe esa empresa, cuál es la visión.

Según este modelo de liderazgo, todos los seres humanos nos comunicamos desde lo más tangible y claro, que es el «qué», hasta lo más intangible o difuso, el «por qué». Y este patrón es así en casi todos los casos. Pero las excepciones, aquellos líderes o empresas que dan la vuelta a esta regla, son los que alcanzan el éxito. Y esa es la segunda conclusión a la que llegó Simón Sinek en su investigación. Los grandes líderes, los líderes inspiradores de verdad, los que con su comunicación logran que las personas les concedan su autoridad, son los que son capaces de movilizarlas y de convencerlas para que los acompañen en su sueño, les transmiten una visión, una creencia. Y para ello empiezan explicando el «por qué», por qué hacen lo que hacen, después el «cómo» y al final el «qué». Porque está comprobado que la gente no «compra», o sigue, o apoya lo que uno hace, sino la razón por la que lo hace. Y en esto consiste el liderazgo del círculo de oro: en saber cómo comunicar desde el «por qué» para lograr inspirar positivamente a los demás.

El modelo de liderazgo del círculo de oro se representa así:

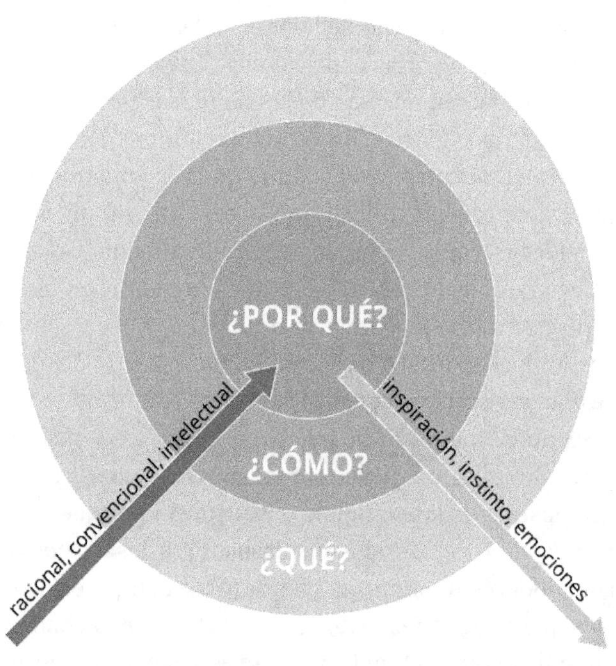

Como podemos ver, al comunicar con la estructura QUÉ + CÓMO + POR QUÉ, la comunicación se convierte en algo racional, explicativo, lleno de información pero carente de emoción. Sin embargo, al comunicar con la estructura inversa, es decir, POR QUÉ + CÓMO + QUÉ, se logra transmitir primero de todo la visión, el propósito, el motivo por el que se quieren hacer o se hacen las cosas, el sueño que se desea convertir en realidad. Por ello la comunicación se convierte en algo inspirador, instintivo, elevado y lleno de emociones. Emoción, qué palabra; recordemos que su etimología viene del latín *Moveré*, que significa mover, movimiento. Somos seres emocionales. Las emociones nos mueven y a través de la comunicación de los grandes líderes nos inspiran y nos ponen en marcha.

> **“***El rey Alfonso puede venir a buscarme con sus mesnadas. Oíd pues, oh mesnadas, oh Minaya: quiero que salgamos de Castejón. No toméis a mal lo que os digo. Sabed que aquí en Castejón no podríamos quedarnos: el rey Alfonso está cerca y nos buscaría. Pero tampoco quiero asolar el castillo. [...] Ya estáis pagados todos, y ninguno queda por pagar. Y mañana por la mañana saldremos, porque no quisiera lidiar con Alfonso, mi señor. A todos parece bien lo que ha dicho el Cid. Abandonan pues el castillo***”**

En la gestión de equipos y personas ocurre lo mismo. Lo sé por experiencia. Muchos de los empleados de las empresas con las que trabajo se quejan de que no saben para qué sirve su trabajo diario ni en qué influye. No tienen ni idea de cuál es el propósito final de sus organizaciones y líderes. No conocen la estrategia ni los objetivos de la compañía y tampoco si lo que hacen cada día está cambiando positivamente la vida de las personas de alguna manera. Trabajan en silos. Se sienten frustrados porque nadie comparte la visión con ellos. Se desmotivan y van perdiendo progresivamente su compromiso con la empresa y la ilusión por lo que hacen. Saben *qué* hacen, pero no *por qué* lo hacen. Entonces, cuando uno o varios líderes se preocupan por compartir con ellos el propósito, la visión, todo cambia. De nuevo les inunda la motivación, se sienten totalmente comprometidos con el proyecto, y por ello ponen todo de su parte para que salga adelante. Y ese cambio viene desde una correcta comunicación, que al final es el vehículo que permite que las cosas sucedan.

Estas son las reglas de la comunicación y del liderazgo del círculo de oro:

- Ten claro el propósito
- Comunica una visión, no un producto o servicio
- Explica primero el por qué, luego el cómo y después el qué
- Haz que conozcan bien el propósito y se sientan parte de él

La conclusión es que modificar la manera de comunicar tiene el potencial de lograr esa influencia positiva que lo cambia todo. Solo se requiere darse cuenta, interiorizar la forma de hacerlo y un poco de reflexión previa para preparar el contenido de nuestra comunicación antes de lanzarla. El efecto de ese cambio es increíblemente eficaz. Y por eso merece la pena.

> **"***—A vos mi rey natural, una merced os pido:
> puesto que casáis a mis hijas conforme a
> vuestra voluntad, designad un representante
> que las reciba en vuestro nombre. Yo no las
> entregaré por mi mano; no se alaben de ello.
> Y el rey respondió:
> —Aquí está Álvar Fáñez. Tómelas él por su mano y
> délas a los infantes así como os tomo yo
> desde aquí cual si estuvieran ambas delante.
> Vos me seréis padrino de la ceremonia,
> y cuando volvamos a vernos ya me contaréis
> si lo habéis cumplido.
> Y dijo Álvar Fáñez:
> —A fe mía que lo haré, señor***"*

EJERCICIO

Lo mejor para aplicar el círculo de oro en tu comunicación como líder es practicarlo. Imagínate que quieres pedir a tu equipo implicación para llevar a cabo un nuevo proyecto. Puedes seguir estos tres pasos:

1. POR QUÉ

    Cuéntales el por qué del proyecto, su propósito. Explícales lo que se lograría con ello, los beneficios, también para ellos.

    Haz que se sientan identificados, que lo hagan suyo y que quieran sentirse parte de ese proyecto.

2. CÓMO

    Diles cómo lo van a conseguir, resuelve sus dudas, dales detalles.

    Cuánto más conozcan el cómo, menos temores tendrán.

    Genera confianza, explícales que les acompañarás en el proceso.

3. QUÉ

    Infórmales. Diles cuál será el resultado tangible, a qué meta se dirigen, cuál será el entregable o el objetivo final. Si es posible, haz que lo visualicen; lo sentirán más cercano, más concreto, más real, más factible.

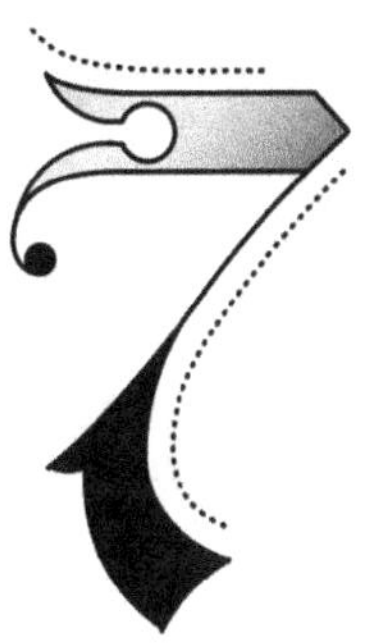

RE-CAPITULANDO

_**" Yo fui desterrado, me despojaron
de mis honras, y con grandes afanes
conquisté lo que ahora poseo "**_

Si Ruy Díaz de Vivar, el Cid Campeador, llegó a ser un líder inspirador y posiblemente uno de los mejores emprendedores que ha dado la historia fue porque supo construir una eficaz estrategia en torno a su marca personal, su reputación y a las motivaciones psicológicas más básicas, lo que le permitió alcanzar todos sus objetivos. Esta es la razón por la cual, incluso después de casi diez siglos, su vigencia se mantiene intacta.

Como ya hemos visto, las enseñanzas que se extraen del análisis de esta estrategia pueden resumirse en cinco claves que pueden convertir en un auténtico líder o emprendedor triunfador a todo aquel que sepa ponerlas en práctica y que vamos a resumir en este capítulo. Para profundizar en ellas recomendamos la lectura de cualquier edición en prosa de el _Cantar de Mio Cid_, desde una perspectiva de gestión empresarial. Sin duda alguna cada experiencia personal enriquecerá los aprendizajes que pueden obtenerse de la lectura de este libro, facilitará el descubrimiento de nuevos matices y finalmente permitirá llegar a una clara conclusión, la misma que nos recuerda constantemente el general Colin Powell en sus enseñanzas de liderazgo aplicadas a la gestión empresarial: que sin valor no hay gloria.

> **66** *Venida la noche, el Cid se acostó,*
> *y un dulce sueño empezó a invadirle,*
> *adormeciéndole profundamente.*
> *En una visión vino a su lado el ángel Gabriel:*
> *–Cabalga –le dijo–, cabalga buen Campeador,*
> *que nunca varón alguno cabalgó con más suerte.*
> *Todo te ha de salir bien mientras vivas.*
> *Y el Cid se santiguó al despertar* **99**

RE-CAPITULACIÓN 1: LA MARCA PERSONAL

- Es imposible no comunicar. Todo lo que hacemos y somos comunica algo, transmite valores, atributos y sensaciones a los ojos de los demás y contribuye a la construcción de la reputación y de la marca personal. Cada detalle es percibido por los demás, consciente e inconscientemente, y por tanto influye en lo que comunicamos sobre nosotros mismos y en lo que los demás perciben de nosotros.

- Cualquier actividad que llevemos a cabo está basada en la comunicación. Todo comportamiento es una forma de comunicación.

- La comunicación es la competencia más importante en la vida, el liderazgo y el emprendimiento.

- Comunicar no es solo emitir información; también es escuchar a los demás activamente. La escucha activa es la habilidad de comunicación más importante. La manera en que escuchamos a los demás dice mucho de nosotros. Un buen líder sabe escuchar con atención a sus colaboradores. Ellos lo perciben y se sienten respetados y valorados.

- La escucha es atención. Se escucha con los oídos, pero también con los ojos, observando; con el cerebro, analizando; con el corazón, sintiendo y poniéndose en el lugar de los demás.

- Una marca es un conjunto de elementos, tales como nombre, logo, colores, valores, atributos, etc., que identifican a una persona, empresa o producto y los diferencia de su competencia.

- Reputación es la manera en que los demás nos ven. Es aquello que las personas piensan de alguien o de una empresa. Es la imagen, positiva o negativa, que tienen en función de lo que les han transmitido y cómo lo han percibido. Las cosas no son lo que son, sino lo que la gente cree que son.

- La marca personal es la huella que una persona desea dejar en los demás, aquello que quiere mostrar de sí misma y la forma en que decide transmitirlo. Está constituida por los valores, atributos y diferencias que cada persona cree que tiene.

- En el caso de las organizaciones, en vez de marca personal hablamos de imagen de marca, que se compone de nombre, logo, colores, valores, atributos, etc. Tiene un objetivo de marketing concreto: provocar percepciones y emociones positivas en los consumidores para lograr que se conviertan en clientes.

- Reputación y marca van unidas y, si son positivas, constituyen el salvoconducto hacia el éxito. El secreto del éxito de la marca personal reside en lograr que coincida todo lo posible con la reputación.

- Cuanto más cerca se encuentren la marca personal y la reputación, más eficaz y claramente estaremos siendo percibidos y mayores posibilidades de éxito tendremos.

- Los valores y atributos son esenciales, tanto para la imagen de marca de una organización como para la marca personal de un profesional y, en consecuencia, para una gestión empresarial que proporcione los resultados positivos esperados. Son también una excelente guía para tomar decisiones empresariales, que deberían concordar con lo que se espera de esos valores y atributos.

- Es esencial averiguar lo que nos diferencia. Los atributos que nos permiten destacar, que logran que los demás se fijen en nosotros como portadores de algo que nos hace únicos, constituyen nuestro capital de marca. Descubrirlos, definirlos y comunicarlos es fundamental para la creación de una buena reputación y de una marca personal eficaz, nuestro mayor activo a la hora de alcanzar el éxito como líderes.

- ¿Cómo encontrar lo que nos hace diferentes? A través del autoconocimiento. Se trata tanto de descubrir valores y talentos con los que podemos brillar y acompañar a los demás en su desarrollo, como de percibir nuestras áreas de mejora. Nadie puede llegar a ser un buen líder ni un emprendedor de éxito si no es consciente de sus fortalezas y áreas de mejora.

- Las marcas más sólidamente construidas, personales o empresariales, son las que se consideran más creíbles. Por eso debemos ser honestos al analizar qué nos diferencia.

- Si ya se cuenta con un alto grado de reconocimiento, una buena reputación y una eficaz marca personal, hay que llevar a cabo acciones para mantenerlos, potenciarlos y utilizarlos.

- Tener visibilidad es imprescindible; sin ella nadie sabrá qué es eso que hacemos tan bien y que tanto les puede ayudar.

DECÁLOGO DE LA MARCA PERSONAL

1. Haz un DAFO de ti mismo

2. Pregúntate cuál es tu objetivo, tu propósito

3. Defínelo de manera concreta y clara. SMART

4. Establece a quién quieres dirigirte, amplía tu *target*

5. Decide qué hacer para dar visibilidad a tu marca personal

6. Crea un *blog* y mantenlo actualizado

7. Ayuda siempre que puedas. Mejorará tu reputación

8. No olvides la coherencia de marca

9. Crea contenidos que ayuden a que tu marca esté siempre visible

10. No intentes gustar a todo el mundo; es imposible y te quitará energía

RE-CAPITULACIÓN 2: LA CAPACIDAD DE LIDERAZGO

- Algunas de las habilidades de un buen líder:
  1. Adaptarse a los cambios con agilidad
  2. Definir claramente los objetivos
  3. Generar una visión positiva del futuro
  4. Escuchar a los colaboradores y mantenerles informados
  5. Asumir el liderazgo y la responsabilidad en los proyectos
  6. Delegar con plena confianza
  7. Forjar alianzas para lograr los objetivos
  8. Obtener resultados positivos y recompensar por ello

- La autoridad (*Auctoritas*) es la capacidad moral, legitimada socialmente, para dirigir, aconsejar y emitir opiniones cualificadas, que los verdaderos líderes adquieren a través de la generación de confianza y la demostración de determinadas competencias, habilidades y valores. El tipo de liderazgo ejercido desde la autoridad legitimada influye positivamente en las personas y en la mayoría de los casos acompaña al líder durante toda su vida.

- Por el contrario, el poder (*Potestas*) viene dado por un cargo, por una jerarquía impuesta pero no legitimada socialmente, basada en la capacidad coercitiva de las personas que lo ostentan. El tipo de liderazgo ejercido desde el poder no tiene influencia ni motiva a nadie; es simplemente un cargo. Por eso, cuando se termina el cargo también se termina el poder.

- En definitiva, la *Auctoritas* es el saber socialmente reconocido, en contraposición a la *Potestas* que es el poder socialmente reconocido. Los líderes extraordinarios siempre tienen *Auctoritas*, y a veces también *Potestas*,

- Liderar con autoridad consiste en servir a los demás, de forma que puedan alcanzar sus metas y aprovechar todas sus capacidades. Así se generan las mayores lealtades, vínculos de agradecimiento y deseos de responder a las expectativas, una energía imparable capaz de superar cualquier reto y alcanzar cualquier objetivo.

- Un líder inspirador trata a sus colaboradores como le gustaría que le trataran a él: con respeto, reconociendo sus éxitos, escuchando activamente, comportándose con justicia y honestidad, impulsando sus talentos y ofreciéndoles oportunidades para desarrollarlos y demostrarlos.

- Las personas motivadas, satisfechas y comprometidas son el activo más poderoso con el que cuentan las organizaciones. Los grandes líderes saben que tener presentes las necesidades humanas les ayuda a conectar con sus colaboradores, y que el resultado de esa conexión es altamente rentable y emocionalmente satisfactorio.

- VUCA es el acrónimo de *Volatility, Uncertainty, Complexity y Ambiguity*, es decir: Vulnerabilidad, Incertidumbre, Complejidad y Ambigüedad. Se refiere a un entorno de incertidumbre generalizada, y más concretamente a liderar en ese contexto, por eso se habla de liderazgo VUCA. El origen de este término está en el Ejército de los Estados Unidos en los años 50, que lo acuñó para describir el estado de incertidumbre en el que se encontraba el mundo tras el fin de la Guerra Fría.

- Volatilidad: se refiere a la rapidez con la que se produce el cambio.
- Incertidumbre: la sentimos cuando no sabemos lo que nos depara el futuro.
- Complejidad: el número de factores a tener en cuenta y su relación entre ellos.
- Ambigüedad: falta de claridad para poder interpretar lo que sucede, ya que la información es contradictoria o inexacta.

- ¿Cómo liderar en un entorno VUCA?
  - Siendo fiables, generando confianza, esforzándonos en mantener lo acordado, buscando la máxima estabilidad posible.
  - Esforzándonos para que el equipo se sienta parte de algo sólido e importante, manteniendo al equipo unido y motivado, con una comunicación clara, resolviendo dudas y temores.
  - Impulsando la confianza mutua y una actitud colaborativa.
  - Exponiendo el propósito con claridad, asegurándonos de que se ha comprendido bien, dando instrucciones claras y definiendo responsabilidades sin que queden dudas, empoderando al equipo.

- La mejor herramienta para gestionar en entornos de incertidumbre es la comunicación, que es lo que permite alimentar la confianza, lograr que las personas se sientan más seguras y menos desorientadas, que vean el camino claro y comprendan mejor los pasos a seguir.

- La Pirámide de Maslow explica gráficamente la jerarquía de las necesidades humanas. A medida que las personas satisfacen sus necesidades más básicas, empiezan a desarrollar deseos mas elevados. Solo se piensa en satisfacer las necesidades de los niveles superiores cuando se han satisfecho las que están en el nivel inmediatamente inferior. La base de la pirámide está constituida por las necesidades fisiológicas o de supervivencia biológica. El nivel siguiente nos muestra las necesidades de seguridad. El siguiente, las de pertenencia o sociales. A continuación vienen las de reconocimiento o estima. Y el último, de las de desarrollo del potencial o auto-realización.

- Para lograr el compromiso, la lealtad y el desarrollo de todo el potencial de los colaboradores, los grandes líderes cuidan de que los niveles de la Pirámide de Maslow estén contemplados en el desarrollo y la motivación de sus equipos. Los dos primeros, necesidades fisiológicas y seguridad, los proporciona el salario. El tercero, la pertenencia, lo puede proporcionar el sentimiento de ser parte de la organización, pero también pertenecer al propio equipo. El cuarto, la necesidad de reconocimiento o estima, lo proporciona el líder, el equipo y la organización. Y el último, la auto-realización, lo impulsan el líder y la organización ofreciendo oportunidades de desarrollo a los colaboradores y equipos.

RE-CAPITULACIÓN 3: LA FUERZA DE LA MOTIVACIÓN

- Liderar es motivar. Y motivar es dar motivos para sentirse parte de un proyecto, para inspirar un compromiso, para sentirse afortunado y agradecido.

- El liderazgo consiste en influir positivamente en las personas. Esta influencia genera emociones positivas que impulsan la motivación.

- Los buenos líderes hacen dos cosas muy inteligentes que influyen en la motivación: rodearse de profesionales cualificados para realizar determinadas tareas y saber delegar.

  No delegar y no contar con personas altamente cualificadas provoca que cualquier directivo dedique demasiadas horas al día al trabajo y no alcance los resultados positivos que podría obtener, lo cual genera un altísimo nivel de estrés y ansiedad en el líder, y mina su relación con el equipo. En los equipos provoca desmotivación, pérdida de talento y síndrome de *burn-out*. Y para la organización es un pesadísimo lastre que retrasa la obtención de sus mejores resultados.

- La motivación consiste en querer cumplir las expectativas que otros han puesto en nosotros. Si un líder espera algo de sus colaboradores y estos están motivados, desearán poder llevar a cabo lo que su líder les pide.

- ¿Qué hay que tener en cuenta para motivar?

  1. *Transmitir la propia motivación.* Las emociones se contagian, está comprobado. Un líder debe sentirse también motivado con la visión y el proyecto, y demostrárselo a su equipo cada día con entusiasmo, trabajo, energía, ideas y esfuerzo. Un líder motivador es también un espejo en el que mirarse. Se llama dar ejemplo, y es una de las cualidades del liderazgo más motivadoras que existen.

2. *Creer en los colaboradores*. Para ello es necesario demostrarles nuestra confianza en ellos como personas y en sus recursos para realizar el trabajo que les corresponde como profesionales, desarrollando su sentido de la responsabilidad y su capacidad de tomar decisiones acertadas. Cuando alguien a quien admiramos y respetamos confía en nosotros, nos esforzamos al máximo para responder a esa confianza y a esas expectativas, porque nadie quiere defraudar a quien admira. Si un líder confía en sus equipos de verdad, sin fisuras, estará levantando los cimientos de la confianza mutua y la motivación de cada uno de sus colaboradores

   La confianza y la motivación dependen también de evitar el *micromanagement*, de utilizar la escucha activa de manera correcta y permanente, de saber preguntar para desarrollar la capacidad y la autonomía de los colaboradores y de comprender el valor de la asertividad como habilidad imprescindible para lograr una comunicación clara, para dar *feedback* eficazmente y para que cada colaborador y equipo tenga claro lo que se espera de él.

3. *Lograr que se sientan parte del proyecto*. El orgullo de pertenencia no se circunscribe solo a formar parte de una organización o un equipo; también puede referirse a sentirse involucrado en un proyecto concreto. En sendos casos constituye un fenomenal impulsor de la motivación, ya que es una de las necesidades humanas que todos buscamos satisfacer: la necesidad de pertenencia, el tercer nivel de la Pirámide de Maslow.

4. *Definir objetivos concretos, retadores y alcanzables.* Cuanto más claro y concreto sea un objetivo, más fácil será divulgarlo, comprenderlo y visualizar los pasos necesarios para llegar a él. Además, si los objetivos son muy sencillos, la motivación decrece, ya que no se contemplan como un reto. Pero si se consideran inalcanzables, cundirá el desánimo y se tirará la toalla. Es necesario buscar el equilibro y lograr que sean SMART.

5. *Tener en cuenta las diferencias.* No a todo el mundo le motivan las mismas cosas. Existen cuestiones emocionales capaces de motivar a casi todos y otras más personales que dependen de factores como el nivel de desarrollo del equipo, las competencias y habilidades profesionales de cada uno de sus miembros, las preferencias innatas, la situación personal, etc. Un buen líder dedica tiempo a conocer bien a sus equipos y a las personas que forman parte de ellos, de manera que pueda estar al tanto de sus fortalezas y talentos, de sus habilidades y competencias, de sus capacidades y potencial, pero también de sus preferencias, trayectoria, experiencia, y de todo aquello que le pueda ayudar a asignar tareas de la forma más eficaz y gratificante posible. Lograr que cada colaborador sea capaz de brillar en el desempeño de su trabajo no solo es una de las mejores formas de conseguir que se sienta satisfecho, orgulloso, motivado e implicado; también es quizá la mejor forma de mejorar la productividad y alcanzar resultados extraordinarios.

RE-CAPITULACIÓN 4: CONSTRUIR ALIANZAS

- Las alianzas estratégicas son acuerdos destinados a beneficiarse mutuamente. Constituyen uno de los caminos más rentables para reforzar las estrategias de crecimiento de organizaciones y proyectos.

- Muchos directivos y emprendedores saben que el éxito de sus proyectos y empresas no depende solamente de lo que sean capaces de hacer, sino también del valor y los recursos a los que puedan acceder mediante acuerdos con otras compañías.

- En la era de la digitalización y de las *start-ups*, las alianzas no solo son el medio más eficaz hacia el éxito; también son la consecuencia lógica de una nueva manera de relacionarse y enfocar la puesta en marcha de una empresa con espíritu de sincera colaboración, dadas sus incontables ventajas.

  Las políticas empresariales de alianzas son de gran utilidad incluso en diferentes niveles dentro una organización. Vivimos en un mundo de «clientes externos y clientes internos». Dentro de una misma compañía, las alianzas despejan mucho el camino hacia los mejores resultados.

- Para lograr un acuerdo entre empresas y hacer que funcione satisfactoriamente es necesario tener en cuenta dos factores:

  1. *Considerar objetivos, sinergias y riesgos:* El primer paso consiste en establecer los objetivos que se quieren conseguir. Una vez definidos y expresados clara y concretamente, analizar si para alcanzarlos

sería adecuado buscar sinergias con otras organizaciones o personas. En este sentido lo más sencillo es pensar qué se necesita para llegar y, si no se tiene, quién nos lo puede proporcionar. Dentro de las opciones posibles parece lógico considerar aquellos *partners* complementarios más próximos a nuestra filosofía empresarial que comprendan nuestro modelo de negocio y puedan obtener un beneficio de él, nos proporcionen una ventaja competitiva y contribuyan a potenciar nuestra reputación e imagen de marca.

El siguiente paso lógico sería pensar ¿dónde tengo contactos o puedo tenerlos a través de terceros? ¿Con quién tengo o podría tener una mejor relación? ¿Qué beneficios o perspectivas puedo aportarles yo que logren captar su atención para cerrar una primera conversación? Se acerca el momento de tantear el interés de los otros en formar parte de una alianza que, de momento, solo existe en nuestra mente.

El tercer paso es considerar los riesgos potenciales, de modo que podamos poner en marcha lo necesario para evitarlos en la medida de lo posible.

2. *Establecer relaciones de confianza:* Es necesario también generar un gran clima de confianza y mantener las mejores relaciones posibles con los aliados, ya que estas contribuyen eficazmente al éxito de los acuerdos alcanzados. Para lograrlo se requiere tomar medidas desde el principio que garanticen el entendimiento entre todas las personas que tengan que ver con el proyecto. Medidas tales como dedicar tiempo a desarrollar las relaciones personales, generar un alto grado de confianza y considerar

también el nombramiento de una persona aceptada por ambas partes que, en caso de desacuerdo, pueda actuar como árbitro. Igualmente es útil valorar desde el principio la posibilidad de que en un futuro una de las partes quiera salir de la alianza. En ese caso suele dar buenos resultados establecer antes de firmar la alianza un procedimiento que detalle la forma de proceder en este caso.

- Las cinco reglas de PWC para que una alianza pueda tener la mayor potencialidad de éxito posible son:
  1. No innovar en solitario
  2. Recordar que nadie conoce a ciencia cierta las preferencias del consumidor
  3. Centrarse en conseguir una experiencia de usuario excepcional
  4. Dar con el equilibrio entre economías de escala y personalización
  5. Tratar a la alianza como al propio negocio

RE-CAPITULACIÓN 5: SABER RECOMPENSAR

- El nivel más alto de implicación y compromiso de los equipos, en el que incluso algo tan básico como el salario queda relegado a un segundo plano, solo se logra cuando entran en juego recompensas que nada tienen que ver con lo económico y sí están completamente relacionadas con la satisfacción emocional.

- El reconocimiento y el agradecimiento por un trabajo bien hecho continúan siendo las recompensas que más nos gusta recibir.

- Las recompensas funcionan en dos direcciones. Por un lado, el colaborador queda satisfecho y altamente incentivado para trabajar a favor de los objetivos establecidos. Por otro, la organización y el líder o el emprendedor recogen los frutos de esta satisfacción en forma de retención de talento, productividad, rentabilidad y resultados.

- Los beneficios de las empresas aumentan notablemente cuando se tienen en cuenta las opiniones de los empleados y se establece una conexión clara entre su trabajo y el objetivo de la empresa.

- Es necesario encontrar un equilibrio entre las recompensas emocionales y las recompensas materiales y adaptarlo a las preferencias particulares de cada empleado. Por eso un líder eficaz debe tener una gran capacidad de comprensión de las motivaciones humanas y conocer bien a sus colaboradores.

- Conseguir ese espíritu de equipo y esa implicación personal capaz de llevar a cualquier empresa a lograr sus objetivos y contar con empleados altamente motivados comienza con la utilización consistente del binomio reconocimiento-agradecimiento. Reconocer públicamente el trabajo bien hecho y recompensarlo con una muestra de agradecimiento garantiza empleados satisfechos que mejorarán sus resultados.

- El dinero no es la recompensa que más motiva. Un reconocimiento sincero es mucho más motivador y consigue resultados espectaculares. Cuando los colaboradores se sienten valorados están dispuestos a dar esa dosis extra de esfuerzo a una organización en la que creen porque los respeta y valora.

- Recompensar adecuadamente significa encontrar un equilibrio entre las recompensas emocionales y las materiales, y adaptarlo a las preferencias particulares de cada persona y a las necesidades sociales y de mercado que van surgiendo en cada momento de la vida profesional.

- El Modelo de Recompensa Total incluye el salario material y el llamado salario emocional, que es necesario saber combinar adecuadamente para que las personas que forman parte de una organización se sientan felices de trabajar en ella y la propia organización mejore su rentabilidad, productividad y resultados positivos. Ya se aplica en la mayoría de las organizaciones, adaptándolo a la cultura de cada compañía, al entorno económico, legal y regulatorio, al mercado y la competencia, y evidentemente a la necesidades y preferencias de cada empleado.

- El salario o recompensa material incluye la retribución fija, la retribución variable y la retribución flexible. El salario o recompensa emocional incluye el binomio reconocimiento-agradecimiento y también aspectos como la organización del tiempo, el desarrollo de carrera y la formación, el entorno y el clima laboral, así como otros beneficios emocionales

- El contrato psicológico no se refleja en ningún documento, no se firma, ni siquiera existe, pero tiene mayor influencia que el propio contrato laboral porque regula las expectativas que el empleado tiene sobre la empresa y viceversa. Es algo mental y emocional que tiene que ver con tres aspectos totalmente ligados al salario emocional: el compromiso afectivo, el compromiso de continuación y el compromiso de gratitud. Si todo esto se da, el contrato psicológico se mantiene. Si no, se rompe y más pronto o más tarde, empleado o empresa decidirán prescindir de la otra parte.

RE-CAPITULACION 6: ALGUNOS MODELOS DE LIDERAZGO

- *El liderazgo auténtico* fue creado por Bill George, profesor de la *Harvard Business School,* La idea básica es que este tipo de liderazgo es el que ejercen los líderes honestos, aquellos en quienes se puede confiar.

  Las características del líder auténtico son:
    - Tiene clara su misión
    - Demuestra pasión hacia sus objetivos
    - Su autodisciplina es alta y actúa según sólidos valores
    - Lidera con cabeza y corazón
    - Desea servir a los demás y está dispuesto a ayudar
    - Establece relaciones significativas con sus colaboradores
    - Practica el autoconocimiento y el autoliderazgo

  El profesor George y su equipo entrevistaron a 125 líderes y descubrieron que:
    - Nadie puede ser auténtico tratando de imitar a otro
    - Se puede aprender de las experiencias de los demás, pero no habrá éxito si se intenta ser como ellos
    - Las personas confían en nosotros cuando somos originales y auténticos, no una réplica de alguien más

Ser líderes auténticos requiere comprometernos con el autoconocimiento y con nuestro crecimiento como personas y como líderes. Bill George ofrece algunas recomendaciones para lograrlo:

- Aprende de lo que te dice tu propia historia de vida, tus experiencias
- Reflexiona sobre tu auténtico ser, sobre la persona que eres
- Encuentra tus valores y principios y sé coherente con ellos
- Halla la manera de equilibrar tus motivaciones extrínsecas e intrínsecas
- Ten un equipo en el que te puedas apoyar
- Desarrolla a tu equipo para el liderazgo. Una organización exitosa tiene líderes capaces en todos los niveles

- *El liderazgo situacional*, desarrollado por Ken Blanchard y Paul Hersey, se basa en la idea de que un líder eficaz tiene que adaptar su estilo de liderazgo al nivel de desarrollo para cada tarea de las personas que gestiona.

  Una misma persona puede desempeñar tareas diferentes con niveles de competencia y motivación también diferentes.

  Para determinar el nivel de desarrollo de los colaboradores se tienen en cuenta dos variables: la competencia y la motivación o compromiso. Al combinarlas surgen cuatro niveles de desarrollo:

  - Desarrollo 1 (D1): competencia baja y motivación alta
  - Desarrollo 2 (D2): competencia baja o media-baja y motivación baja

- Desarrollo 3 (D3): competencia alta o media-alta y motivación baja
- Desarrollo 4 (D4): competencia alta y motivación alta

El líder situacional debe utilizar cuatro estilos de liderazgo distintos, que logra combinando dos variables: el comportamiento directivo y el comportamiento de apoyo.

- Estilo 1 (E1): directivo
- Estilo 2 (E2): entrenamiento
- Estilo 3 (E3): apoyo
- Estilo 4 (E4): delegación

Así es posible adaptar el liderazgo para gestionar con éxito los cuatro niveles de desarrollo.

- *El liderazgo del círculo de oro* se basa en la observación de que las personas no siguen al líder por lo que hace, sino por el motivo por el que lo hace. El creador de este modelo, Simón Sinek, lo expresa con la siguiente frase: «El liderazgo requiere de dos cosas: la visión de un mundo que aun no existe y la habilidad de comunicarlo».

  Para crear el modelo de liderazgo del círculo de oro, Simón Sinek se dio cuenta de que en la mayoría de los casos casi todos los líderes y empresas explican primero qué hacen. Luego, un número mas reducido explica cómo lo hace y, para terminar, solo algunos dicen por qué lo hacen, es decir, su propósito.

  Las organizaciones que no saben comunicar el propósito de sus estrategias, sus productos, sus servicios, sus proyectos, sus políticas, sus decisiones, etc. es muy probable que fracasen.

Los grandes líderes, los líderes inspiradores de verdad, transmiten una visión, una creencia. Y para ello empiezan explicando el «por qué», el propósito. Después el «cómo» y al final el «qué». Y en esto consiste el liderazgo del círculo de oro: en saber cómo comunicar desde el «por qué» para lograr inspirar positivamente a los demás.

Estas son las reglas de la comunicación y del liderazgo del círculo de oro:

- Ten claro el propósito
- Comunica una visión, no un producto o servicio
- Explica primero el por qué, luego el cómo y después el qué
- Haz que conozcan bien el propósito y se sientan parte de él

Un sencillo cambio en la manera de comunicar tiene el potencial de lograr esa influencia positiva que lo cambia todo.

EPÍLOGO

"Entonces habló el rey así:
–¡Ea, pues, mesnadas y toda la corte,
escuchadme! No quiero que pierda nada el Cid.
A todos aquellos que le reconocen por señor,
los restituyo cuanto los había confiscado;
queden en posesión de sus bienes doquier
que se hallen al lado del Cid; les aseguro que no
recibirán mal ni daño grave; y todo esto lo hago
por tal de que sirvan bien a su señor.
Minaya Álvar Fáñez le besaba las manos, y el rey,
sonriendo continuaba así hermosamente:
–Los que quieran ir a servir al Campeador,
reciban mi venia y vayan en gracia de Dios [...]
Hoy el Cid me envía estos doscientos caballos.
En lo sucesivo de mi reinado, espero de él
mayores servicios"

El Cid, ese valeroso caballero al que el rey Alfonso VI desterró y dio nueve días para abandonar su reino completamente solo y sin fortuna alguna, se convirtió en un líder admirado en toda la Península Ibérica y allende el mar, señor de una hueste numerosísima –ejemplo de valor y de lealtad–, y de innumerables territorios tan estratégicos como la propia ciudad de Valencia, el lugar que gobernó hasta su muerte, ocurrida, según el *Cantar*, en la Pascua de Pentecostés del año 1099. Llegó a ser extraordinariamente rico y emparentó con la realeza a través de dos infantes, el de Navarra y el de Aragón, que se casaron con sus dos hijas. El Cid no solo alcanzó su objetivo –tornar con honra a Castilla–, sino que extendió su fama y su influencia mucho más allá de lo que jamás imaginó, llegando el ejemplo de su vida y leyenda hasta nuestros días. Sus estrategias de emprendimiento, su estilo de liderazgo y gestión, y sus consistentes valores, tal y como nos los relata el *Cantar*, pueden ser tan eficaces hoy en día como lo fueron hace un milenio. En lo esencial, la naturaleza humana no ha cambiado. Ruy Díaz de Vivar supo entenderla y respetarla para lograr lo que identifica a los grandes líderes: el compromiso y la lealtad de sus seguidores.

ego suſ denco

*Firma autógrafa de Rodrigo Díaz llamado Campeador. Fuente: 1098. Diploma de 1098 por el que dota a la Catedral de Valencia. Original en Archivo de la Catedral de Salamanca, caja 43, leg. 2, n.º 72.

AGRADECIMIENTOS

A mi socio del alma, David Russ, por haberme enseñado a observar el liderazgo y la vida a través de los caballos y por haberme dado una nueva perspectiva de mí misma que me ha hecho crecer y ser mejor. Nada sería igual si nuestros caminos no se hubieran cruzado. Gracias por quererme tanto y decírmelo casi siempre.

A Alfonso Boix Jovaní, por su mirada generosa sobre mi visión del Cid, por su apoyo incondicional y por su valiosa amistad. Lo que el de Vivar ha unido, que no lo separe el hombre.

A Juan José Nieto, por entusiasmarse. En sus ojos brilla una inteligencia desbordante y en su corazón un objetivo: la dignidad de las personas. Gracias por recoger el guante.

A Arturo Pérez-Reverte, por ser un caballero.

A Mamen Baldominos, por creer en mi Cid y en mí desde hace tantos años y por haberme abierto la puerta a publicar este segundo libro.

A Iván Ojanguren, por creer en Mamen y presentarme a mi editora. Gracias, Iván, por tu generosidad y ayuda.

A Marta Prieto Asirón, mi editora y directora de Editorial Kolima, por haber entendido este libro desde el principio, por haberse comprometido con él, por ser tan rápida, clara y certera en su trabajo, y por hacerlo todo tan fácil. Y además, por ser una persona honesta y con una mirada amplia y colaborativa, cualidades intrínsecas al verdadero liderazgo.

A todo el equipo de Editorial Kolima por su implicación, profesionalidad y paciencia. Gracias por haber dado vida a un sueño.

A Ana Vidal, mi agente literaria, por haberme incluido entre sus autoras, por su ayuda permanente, sus comentarios positivos y su profesionalidad. Y, sobre todo, por haber aguantado mi insistencia con una sonrisa. *It takes two to a tango*. Thanks, Ana.

A mi amiga Marián Casado por más de treinta años de apoyo y refuerzo positivo. Y por ser de Tudela.

A todos mis clientes, muchos de ellos ya amigos, por su confianza y porque trabajar con ellos me ha hecho avanzar en el camino del liderazgo y de la comprensión de las necesidades de los equipos.

A Rodrigo Díaz de Vivar, por haber conquistado también mi territorio.

A la vida.

BIBLIOGRAFÍA

- Anónimo, *Cantar del Cid*, texto antiguo de Ramón Menéndez Pidal, Selecciones Austral, Espasa Calpe, Madrid, 1985.

- Boix Jovaní, A., *La generosidad en el Cantar de Mio Cid*, Dirāsāt Hispānicas nº 1 - 2014: 27-42, e-ISSN: 2286-5977.

- George, Bill, Authentic *Leadership: Rediscovering the Secrets to Creating Lasting Value*, J-B Warren Bennis Series, Wiley, New Jersey, 2003.

- George, Bill, *Discover your True North*, Wiley, New Jersey, 2015.

- Blanchard, K., Zigarmi, P., Zigarmi. D., Halsey, V., *Situational Leadership®II at a Glance*, The Ken Blanchard Companies, Escondido, CA, 2013.

- *El auténtico liderazgo*, Harvard Business Review, Serie Inteligencia Emocional HBR, Brighton, Boston, MA, 2019.

- Simon Sinek, *Empieza con el porqué*, Gestión del conocimiento, Empresa Activa, Barcelona, 2018.

- Damasio, A., *El error de Descartes*, Ediciones Destino, Barcelona, 2013.

- Goleman, D., Boyatzis, R., McKee, A., *El líder resonante crea más*, Plaza y Janés, Barcelona, 2002.

- Christopher A. H. Vollmer y Matt Egol, *Five Rules for Strategic Partnerships in a Digital World*, Strategy+Business Magazine, PwC, 2014.

Este libro se terminó de imprimir en Madrid
el veintitrés de abril de 2021,
centésimo décimo tercer día del año
en el calendario gregoriano,
festividad de san Jorge, mártir de Capadocia,
san Adalberto de Praga, san Eulogio y san Marolo de Milán
y Día Internacional del Libro, en conmemoración
de tres escritores universales:
Miguel de Cervantes Saavedra, William Shakespeare
y Garcilaso de la Vega.
La luna estaba en cuarto creciente,
iniciando su camino hacia la plenitud.

KOLIMA
BOOKS